¡ERES
EX   !

Date: 01/07/21

SP 248.4 OST
Osteen, Victoria,
¡Eres excepcional! : 7
maneras de vivir alentadas

¡ERES EXCEPCIONAL!

7 MANERAS DE
VIVIR ALENTADAS,
EMPODERADAS
E INTENCIONADAS

VICTORIA OSTEEN

NEW YORK   NASHVILLE

FaithWords
Hachette Book Group
1290 Avenue of the Americas
New York, NY 10104
www.faithwords.com
twitter.com/faithwords

Primera edición: abril 2019

FaithWords es una división de Hachette Book Group, Inc. El nombre y logotipo de
FaithWords es una marca registrada de Hachette Book Group, Inc.

La editorial no es responsable de los sitios web (o su contenido) que no sean propiedad
de la editorial.

El Hachette Speakers Bureau ofrece una amplia gama de autores para eventos y charlas. Para
más información, vaya a www.hachettespeakersbureau.com o llame al (866) 376-6591.

A menos que se indique lo contrario, las escrituras son tomadas de La Santa Biblia,
Nueva Versión Internacional® NVI® Copyright © 1999 por Biblica, Inc.® Usada
con permiso. Todos los derechos reservados mundialmente.

Las escrituras marcadas como "RVR1960" han sido tomadas de la versión Reina-
Valera © 1960 Sociedades Bíblicas en América Latina; © renovado 1988 Sociedades
Bíblicas Unidas. Usada con permiso. Reina-Valera 1960® es una marca registrada de la
American Bible Society, y puede ser usada solamente bajo licencia.

Las escrituras marcadas como "NTV" son tomadas de la Santa Biblia, Nueva
Traducción Viviente, © Tyndale House Foundation, 2010. Usada con permiso de
Tyndale House Publishers, Inc., 351 Executive Dr., Carol Stream, IL 60188, Estados
Unidos de América. Todos los derechos reservados.

Traducción y edición en español por LM Editorial Services | lydia@lmeditorial.com,
con la colaboración de Belmonte Traductores.

ISBN: 978-1-5460-3589-3 | E-ISBN: 978-1-5460-3588-6

Impreso en los Estados Unidos de América

LSC-C

10   9   8   7   6   5   4   3   2   1

*Este libro está dedicado a mi familia, cuyo amor
enriquece mi vida, y para mi Señor y Salvador,
cuyo amor enriquece mi alma.*

ÍNDICE

SECCIÓN V
Ama de verdad

SECCIÓN VI
Vive el presente

SECCIÓN VII
Empodérate

INTRODUCCIÓN

Cuando algo es excepcional significa que es mejor que bueno; es sobresaliente. Lo excepcional se destaca entre la multitud, es extraordinario y es algo digno de celebrar. Tú fuiste creada por Dios para ser excepcional.

La Escritura dice que eres la obra maestra de Dios, formada a su imagen y creada para hacer grandes cosas. Fuiste maravillosamente creada, con un propósito y un destino que es inequívocamente tuyo. No saliste de una línea de ensamblaje. Eres un original. Dios te conocía desde antes de que nacieras y Él te diseñó para ser tú misma, única y excepcional.

Pero demasiadas veces perdemos de vista cómo fue que Dios nos creó. No reconocemos los dones y talentos individuales que Dios ha puesto en nosotras. Si no tenemos cuidado, permitiremos que los atributos que Dios nos ha dado queden reducidos en nuestra propia mente haciendo que nos veamos a nosotras mismas meramente como promedio, mediocres o comunes.

Debemos entender que Dios no quiere que seamos ordinarias en nuestra manera de pensar o el modo en que vivimos nuestra vida. Él quiere que seamos excepcionales en todos los aspectos. Dios quiere que esperemos más de nosotras mismas y de Él. Quiere que nos esforcemos por más y que seamos la mejor versión que Él creó.

Cada día es un nuevo día con Dios. Sus misericordia es nueva cada mañana; independientemente de dónde te encuentres o las dificultades que puedas estar atravesando. Dios está a tu lado. Él siempre nos ofrece un nuevo comienzo y un nuevo inicio.

Cuando pienso en los retos y dificultades que he enfrentado, hubo momentos que hubiera podido desalentarme y haberme preguntado: *¿Vale la pena esto? ¿Acaso importa?* Pero ahora me doy cuenta de que cuando atravieso los retos con fe, descubro las cualidades excepcionales que Dios puso en mí y aprendo valiosas lecciones en mi vida.

Todas enfrentamos desafíos y situaciones injustas, pero si estamos dispuestas a dar pasos de fe y las ponemos en las manos de Dios, es entonces cuando se produce lo excepcional en nosotras.

He observado que cuando implemento ciertas prácticas y las incorporo a mi vida, siento que estoy entrando cada vez más en mi yo excepcional. He escrito este libro para mostrarte las siete prácticas que hacen que me mueva hacia lo excepcional. Te aliento a que las leas y las pongas en práctica.

Dios nos tiene a cada una en un camino. No hay dos iguales. No obstante, el destino que Dios tiene para todas nosotras es la victoria. Cuando eres fiel con lo que Dios ha puesto en tus manos, y no permites que se vuelva común y ordinario, estás viviendo excepcionalmente. Es mi oración que este libro sea una bendición para ti, que te conduzca más cerca de Dios, y te acerque a la persona que Él creo en ti. Has sido creada maravillosamente.

Vive esta verdad en este día: tú eres excepcional.

Ten la certeza de que eres escogida

CAPÍTULO 1

Ponte tu corona

Tengo un buen amigo llamado Jim, a quien conozco por muchos años. Jim me contó un día una historia que se ha quedado en mi corazón desde entonces. Es la historia de cuando él conoció a su hermana pequeña por primera vez. Jim tenía ocho años. Había sido hijo único durante bastante tiempo y estaba increíblemente emocionado por tener una hermana. Finalmente llegó el día en que su padre apareció en la escuela y lo sacó de la clase para dirigirse al hospital. Mientras su padre conducía por las calles de la ciudad, se estacionó y acompañó a Jim por los largos pasillos del hospital, Jim sentía mariposas en el estómago por la anticipación. Se detuvieron delante del ventanal de un gran cunero. Jim miró a través del cristal y vio filas de pequeños bebés envueltos como si fueran burritos en sus cunas. Una enfermera levantó la mirada y reconoció al padre de Jim. Sonrió y salió del cunero, dirigiéndose hasta donde estaba Jim, y se agachó para ponerse a su nivel. Le puso la mano en el hombro y dijo: "Allí está tu hermanita", mientras señalaba a la bebé que pertenecía a su familia. Cuando Jim la vio por primera vez, su cara se iluminó de alegría. Allí, al fin, estaba su hermanita.

Mas adelante ese mismo día, reconociendo que conocer a su hermana había causado una fuerte impresión en su hijo, el padre de Jim decidió hablarle a Jim del día en que nació. Se sentó en el sofá al lado de su precioso muchacho; lo miró a los ojos, asegurándose de tener toda la atención de Jim, y dijo: "Jim, cuando tú naciste, tu madre y yo miramos a todos los bebés por un gran ventanal de un cunero, así como tú y yo hicimos hoy, pero sucedió algo diferente. La enfermera nos dijo: 'Pueden tener cualquier bebé que quieran de este cunero'. Miramos todos aquellos bebés y te escogimos a ti".

Como ve, Jim es adoptado. No lo supo hasta ese momento, pero su padre quería comunicar algo muy importante aquel día. Quería que él supiera esta verdad: "Jim, fuiste escogido para ser nuestro hijo. Eres tan valioso e importante para nosotros, que te escogimos personalmente para que fueras parte de nuestra familia".

Durante toda su vida, el padre de Jim se aseguró siempre de que Jim supiera lo mucho que era amado y cuán agradecidos estaban de que él estuviera en su familia.

Eso es lo que tu Padre celestial quiere que tú sepas hoy. Eres escogida. Efesios 1 describe el gran amor de Dios por ti. Dice que desde antes de la fundación del mundo agradó a Dios adoptarte como su propia hija. Él miró por los pasillos del tiempo y te conoció por tu nombre. Te escogió personalmente y te llevó a su familia por medio de Jesucristo. Él no tenía que adoptarte. **Dios decidió adoptarte porque le agradó llamarte su hija.**

El padre de Jim a menudo le decía: "Jim, tú fuiste escogido. No dejes que nadie te diga otra cosa".

Igual que el padre de Jim le recordaba a él, necesitas levantarte cada día y recordarte a ti misma que el Creador del universo te escogió y que eres valiosa para Él.

No permitas que tus errores, fracasos, o las palabras de otra persona te convenzan de quién eres tú.

La vida tiene su manera de intentar derribarnos, descartarnos, y hacer que olvidemos nuestra verdadera identidad. Las personas pueden juzgarnos, dejarnos fuera y hacernos sentir descalificadas. Nada de eso determina quién eres tú, pues Dios ya te ha llamado y te ha calificado. Quizá hayas cometido algunos errores. Todos lo hemos hecho, pero eso no cambia tu valor ante los ojos de Dios. Él te ama, no debido a tu desempeño, no porque haces todo perfectamente, sino porque eres su hija. Quítate las etiquetas negativas y suelta lo que las personas te hayan dicho. Deja de flagelarte por cosas que no puedes cambiar. Dios quiere que avances en fe creyendo que eres escogida, excepcional, y capaz de hacer lo que Él te ha llamado a hacer.

Conoce quién eres tú

Cuando el rey David era un joven pastor, estaba en los campos cuidando de los rebaños de su padre mientras el profeta Samuel llegó a su casa para ungir al siguiente rey de Israel. Isaí, el padre de David, llamó a los siete hermanos mayores de David e hizo que se pusieran delante de Samuel, diciendo: "Mira a estos jóvenes. Creo que el rey está aquí". Samuel miró a todos aquellos hombres altos y fuertes y dijo: "Isaí, el rey no está aquí. ¿Son estos todos los hijos que tienes?".

Puedo oír a Isaí diciendo: "Bueno, queda el más pequeño, pero está fuera cuidando de los rebaños". Quizá Isaí no pensaba que David era lo bastante mayor o lo bastante fuerte para ser escogido por Dios para ser rey. Pero cuando David regresó de los campos, el Señor le dijo a Samuel: "Levántate y úngelo, él es el escogido".

¿Puedes imaginar cómo se sintió David cuando entró en la casa y vio que todos sus hermanos mayores eran la primera opción y que él llegó el último? David podría haberse ofendido pensando: *¿Por qué mi papá ni siquiera pensó en mí?* Podría haberse molestado por la idea de ser pasado por alto, o haber sido menospreciado, pensando: *Supongo que nadie cree en mí. ¿Por qué debería yo creer en mí mismo?*

Pero David no tenía esa actitud. Decidió: *Si soy escogido para ser rey, voy a creer que soy un rey.* Dios ya había escogido a David para ser rey de Israel mucho antes de que estuviera cuidando los rebaños de su padre en los campos. Solamente porque el padre de David no reconoció el llamado que había sobre su vida, eso no cambió el hecho de que él ya había sido escogido. Puede que su familia lo hubiera descartado, pero Dios ya había contado con él. Ellos no pensaban que tenía el aspecto de ser el siguiente rey. Era demasiado joven; no tenía el entrenamiento o la experiencia.

Sin embargo, Dios sabía lo que había en el interior de David. Dios también sabe lo que hay dentro de ti porque Él lo puso ahí. Él sabe de lo que eres capaz. Si alguna vez has sentido la punzada del rechazo como David, recuerda quién eres. Eres amada y escogida por Dios. Nada te descalifica de los planes de Dios, ni siquiera un padre que no cree en ti. No importa quién reconozca el llamado de Dios en tu vida. Tu familia quizá no vea tu potencial, tal vez no te sientas apreciada, las personas en tu trabajo quizá no reconozcan tus dones y talentos, tal vez tus amigas te han descartado, pero no te desalientes. Como David, Dios te ve. Él sabe exactamente dónde estás. Él te está llamando. Nadie puede ocupar tu lugar. Nada tiene el poder para cambiar el plan de Dios para tu vida. No permitas que las acciones de otras personas te hagan cuestionar lo que Dios ha puesto en tu interior. Levántate; la mano de Dios está sobre tu vida. ¡Él te ha escogido para hacer grandes cosas! **Dios de tu lado es más poderoso que el mundo entero contra ti.**

Para ser excepcional, tienes que saber quién eres y de quién eres. Ahora bien, solo porque has sido escogida no significa que todo vaya a suceder enseguida. Con frecuencia se requiere un periodo de espera. Esos tiempos de espera pueden ser difíciles. Quizá sientas como si hoy estuvieras fuera en el campo con las ovejas. No abandones debido a los retos u obstáculos que estés enfrentando. Cuando David fue ungido rey, pasaron trece años antes de ocupar su posición sobre el trono. Él regresó al campo de las ovejas; enfrentó retos y luchas. Se encontró ocultándose en cuevas y huyendo de su predecesor, el rey Saúl, que veía que "el Señor estaba con David" y estaba celoso del favor que había sobre él y quería matarlo. Hubo varias ocasiones en las que David podría haber matado al rey Saúl y haberse reivindicado por todo lo que Saúl le hizo, pero David caminaba en integridad. Se resistió a vengarse porque sabía quién era él y sabía que tenía una unción. Estaba honrando a Dios protegiendo su unción. David podría haber abandonado y preguntarse por qué estaba enfrentando tantos desafíos, y haber dudado del llamado de Dios sobre su vida. Sin embargo, siguió recordándose a sí mismo que era escogido, y no permitió que ninguna de las dificultades le hiciera cambiar de opinión.

Ahora es tu turno. ¿Crees que eres escogida, o estás permitiendo que las personas te convenzan y te aparten de lo que Dios te ha llamado a hacer? Es muy importante que protejas lo que está sobre tu vida. Tienes una gran unción. No intentes reivindicarte a ti misma y vengarte. No pelees batallas que no son tuyas. Mantén la cabeza alta y endereza los hombros. La Escritura dice que tú eres "real sacerdocio" y "pueblo que pertenece a Dios". Eso significa que ¡tú eres realeza! Ajústate tu corona y llévala sabiendo quién eres.

Mi amigo Jim es en la actualidad un hombre exitoso y tiene una hermosa esposa y también hijos adorables. Él te diría que una de las cosas más estupendas que hizo por él mismo fue creer que era escogido y valioso. No permitió que nadie lo descalificara. Recordó las palabras de su padre que le decían que había sido escogido personalmente. De hecho, Jim construyó un fundamento tan fuerte de pertenencia que cuando sus hermanas le decían: "Jim, eres a quien más aman mamá y papá", él respondía: "Desde luego que sí. Ellos tuvieron que tenerles a ustedes. Yo fui escogido".

Recibe esta verdad en tu corazón: eres escogida por Dios. Él te ha ungido y ha puesto un llamado en tu vida que es irrevocable. Eres excepcional porque Él te creó de esa manera. Él declara que sus planes para ti son buenos, para prosperarte y no dañarte. Él tiene planes para darte un futuro y una esperanza.

Dios ha hecho tus maletas

He tenido la bendición de viajar muchas veces. Hemos participado en más de 195 Noches de Esperanza en estadios por todo el país. A pesar de los años que he estado viajando, aún no me gusta hacer las maletas. Quizá pienses que a estas alturas ya me he acostumbrado, pero aún me encuentro mirando mis maletas la noche antes y pensando: *¿Qué se me queda? No quiero llegar* *donde voy y no tener lo que necesito.* Incluso hoy, cada vez que cierro mi maleta me digo a mí misma: "Espero no haberme dejado nada fuera".

Creo que a veces todas podemos sentirnos de ese modo, como si olvidáramos algo o que tenemos carencia en cierto aspecto. Nos preguntamos si tenemos el talento suficiente para tener ese empleo o recibir ese ascenso. Cuestionamos si somos lo bastante inteligentes para ampliar nuestros estudios, si somos lo bastante bonitas para casarnos con el hombre de nuestros sueños, o lo bastante divertidas para caer bien a la gente.

Puedo decirte que Dios ha hecho tus maletas y no se ha dejado nada fuera. Tienes todo lo que necesitas para tener éxito en esta vida. Dios no quiere que dudemos de nuestra valía y nuestras capacidades. No vayas por la vida desde una posición de carencia cuando Dios te ha hecho más que suficiente. Tienes las cualidades que necesitas para tener relaciones exitosas, una buena carrera profesional y una familia sólida. Tienes los dones adecuados, los talentos correctos y la personalidad correcta.

En la Biblia, hay un hombre llamado Jeremías a quien Dios había escogido para ser un profeta para las naciones. Jeremías se sentía descalificado y no sabía si tenía la capacidad para hablar a la gente. Cuestionó a Dios, preguntando: "¿Cómo podré hablar? Solo soy un niño". Jeremías no pensaba que tenía lo que necesitaba. Se sentía vacío y carente. Dios no lo dejó en sus dudas e incredulidad. El Señor le dijo a Jeremías que estaba equipado y que Él lo acompañaría y le diría qué decir. Dios estaba diciendo: *Jeremías, yo hice tus maletas. Yo te escogí y te completé. No te falta nada.*

Sé que es fácil ser como Jeremías y dudar de ti misma. Cuando yo era adolescente, mi mamá quería que trabajara con ella en la joyería de mi familia los fines de semana. Yo sentía que no sabía lo suficiente sobre joyería fina, y estaba segura de que sería una vergüenza tanto para mí como para mi madre si alguien me hacía una pregunta y yo no tenía la respuesta. Pero mi mamá me alentó con amor, incluso mientras yo arrastraba mis pies hasta la tienda cada fin de semana. Lo que yo no me daba cuenta era que mi mamá comprendía mis temores e inseguridades, pero también conocía mis dones y talentos. Ella sabía que yo tenía todo en mi interior para tener éxito, pero que tenía que avanzar en fe paso a paso. Ella me enseñó a lo largo de los años y yo comencé a aprender más sobre el negocio y a sentirme más segura de mí misma. No me faltaba nada, tenía en mi interior las habilidades para ser una buena vendedora y portavoz para la tienda. Fue en aquella joyería donde conocí al hombre de mis sueños. Él entró para cambiar la batería a un reloj y yo le vendí un reloj nuevo. Más de treinta años después sigo estando loca por él. ¡Parece que mi mamá tiene razón, después de todo!

Mi experiencia en la joyería me enseñó que Dios ya había hecho mis maletas pero me correspondía a mi desempacar lo que Él había puesto en mi interior. Yo tenía los dones y talentos correctos para cada tarea; era mi decisión dejar atrás mis temores e inseguridades. También tú tienes los dones y talentos correctos. Tus maletas ya han sido hechas para tus tareas especiales. El problema es que demasiadas de nosotras caminamos con nuestras maletas hechas pero sin abrir. Para desempacar nuestras maletas tenemos que dejar atrás los temores, los errores y las excusas, para así desarrollar lo que Dios ha puesto en nuestro interior.

Alcanzar nuevos niveles no es siempre fácil. A veces Dios utilizará a personas, experiencias e incluso territorio no transitado para hacernos salir de nuestra zona de comodidad. Quizá hoy te sientes presionada; tal vez sientes cierta incomodidad en tu empleo o con tu familia; tal vez estás enfrentando un cambio de carrera profesional o decisiones importantes acerca de tu futuro. Recuérdate a ti misma que tienes todo lo necesario. Llega hasta el fondo de tu maleta y desempaca lo que Dios ha puesto en tu interior. Quizá sientas que tú fe está siendo probada y empujada hasta el extremo. Recuerda que es la prueba de tu fe lo que produce el carácter perseverante en tu vida y edifica la confianza que no puedes obtener de ninguna otra manera.

La única diferencia entre un pedazo de carbón negro y un precioso diamante es la presión que ha soportado. Es la presión lo que convierte a ese pedazo de carbón común en una joya rara y muy preciada. La verdad es que la presión que quizá estés enfrentando no va a romperte, sino a fortalecerte. Va a desarrollarte y a darte expe-

> *Honra a Dios y cree que tienes todo lo necesario para brillar con fuerza para Él.*

riencias que necesitas para edificar tu confianza. Honra a Dios y cree que tienes todo lo necesario para brillar con fuerza para Él.

Algunos de nuestros talentos y dones son fáciles de reconocer; nos resultan naturales. Pero algunas cosas siguen estando en el interior en forma de semillas que necesitan ser desarrolladas y alimentadas.

Tengo un enorme roble en mi patio delantero. Es tan hermoso. Las ramas se extienden cuarenta pies, pero ese árbol no comenzó así. Hace sesenta años, era solo una pequeña bellota. No parecía ser gran cosa. Habría sido fácil pasarlo por alto, pensando que no era significativo. Pero escondido en esa diminuta bellota había un árbol magnífico; solo tenía que germinar y desarrollarse. Los dones y talentos que Dios puso en ti están en forma de semilla, al igual que esa bellota. Es fácil pasarlos por alto. Pueden parecer pequeños y ordinarios. Pero cuando reconoces lo que Dios ha puesto en ti y lo consideras significativo, te tomas el tiempo para nutrirlo y desarrollarlo. Lo que parece pequeño tiene un potencial increíble. A veces oramos por un roble, pedimos el producto terminado, pero Dios nos da una bellota.

¿Estás pasando por alto los dones y talentos, subestimando lo que Dios te ha dado? Ten una nueva perspectiva. Tus bellotas están llenas de potencial. Hay un roble increíble en ellas. Puede ser pequeño ahora, pero no lo descartes. Tómate tiempo para desarrollarlo, nutrirlo y verlo crecer.

Reclama tu verdadera identidad

El modo en que te ves a ti misma determinará si alcanzas o no tu potencial. Dios nos ha creado a su imagen y nos ha coronado de favor, pero demasiadas veces permitimos que nuestras limitaciones y debilidades, las cosas que nos han sucedido, la manera como nos trataron y los errores que hemos cometido distorsionen esa imagen. En lugar de vernos a nosotras mismas como excepcionales, llenas de potencial y escogidas por el Altísimo, nos consideramos comunes, pensando que hemos alcanzado nuestros límites. Si mi amigo Jim se hubiera visto a sí mismo como no querido, si David se hubiera visto como no calificado y menospreciado, o si Jeremías no hubiera confiado en que Dios estaría a su lado, no estaríamos hablando de ellos. Por lo tanto, toma un momento para considerar realmente: ¿cómo te ves a ti misma? ¿Has adoptado una imagen de ti misma que es falsa, basada en algo que te sucedió en lugar de basarse en las promesas de Dios? Todas enfrentamos decepciones, todas cometemos errores, pero no es eso lo que nos define.

Existe una leyenda sobre una joven reina que era famosa en todo el mundo por su belleza, y todo su pueblo la admiraba y la amaba. Un día fue secuestrada y llevada lejos a otro país. Con toda la confusión y el trauma, ella sufrió amnesia. Fue como si se hubiera apagado un interruptor y ya no tuviera ningún recuerdo de su vida anterior. No podía recordar quién era, no conocía su nombre ni de dónde venía. Terminó viviendo en condiciones desesperadas en las calles. Nadie que la veía habría soñado jamás que ella tenía realeza en su sangre y que era una reina respetada y adorada en su país natal.

En su propio país nadie sabía dónde la habían llevado, pero quienes la amaban mucho se negaban a dejar de buscarla. Pasaron los años, pero su familia y sus amigos seguían esperando y orando para que ella estuviera viva aún y que alguien la encontrara.

Un hombre que la amaba profundamente y no había perdido la fe en que ella seguía con vida, decidió finalmente salir él mismo en su búsqueda. Viajando por todas partes, finalmente se encontró en las calles de una zona costera, cuando observó a una mujer vestida con harapos que estaba sentada en la ribera. Aunque la expresión en su cara parecía abatida y tenía el cabello enredado y sucio, algo en ella le resultó extrañamente familiar, de modo que antes de seguir adelante se acercó a ella y le preguntó su nombre. Ella musitó unas palabras incoherentes y apartó la mirada. Aunque él no pudo verle la cara, había algo en ella que él tenía que ver, de modo que le preguntó: "¿Puedo ver sus manos?". Él conocía las líneas de las manos de su querida reina y nunca las había olvidado. Cuando ella volteó las palmas de sus manos, el hombre se quedó allí, asombrado. Susurró: "Elena". Ella lo miró sorprendida. Él dijo: "Tú eres Elena, reina de nuestra tierra. Tú eres la reina. Elena, ¿no lo recuerdas?". De repente, fue como si el interruptor que antes fue apagado se hubiera encendido nuevamente. Ella recordó quién era. Sollozando, se puso de pie, se abrazó a su amigo, y los dos regresaron a su tierra natal donde nuevamente ella se convirtió en la reina que tenía que ser.

Nosotras no somos tan diferentes de Elena. También nosotras podemos desarrollar amnesia mediante los acontecimientos y altibajos de la vida. Pero no podemos olvidar que nacimos en la realeza. Fuimos creadas para reinar en vida. Dios nos coronó con honra, pero hemos olvidado quiénes somos. Debido a desengaños, situaciones injustas y obstáculos, nos hemos quitado nuestras coronas y vivimos frustradas y estresadas, y muy por debajo de los privilegios que nos pertenecen legítimamente, pensando que somos solamente promedio. Igual que aquel hombre hizo por Elena, yo estoy aquí para recordarte quién eres tú. Eres escogida, eres excepcional, Dios te escogió personalmente. No fuiste creada para vivir derrotada, deprimida, adicta e insatisfecha. Puede que temporalmente hayas olvidado lo que significa ser de la realeza, pero creo que las cosas están cambiando, y tú estás recordando quién eres en realidad.

> *También nosotras podemos desarrollar amnesia mediante los acontecimientos y altibajos de la vida. Pero no podemos olvidar que nacimos en la realeza.*

Eres excepcional. Tienes todo lo que necesitas. Desempaca tus maletas, aviva tu fe y recuerda que eres realeza, una reina, un rey. Haz tu parte y vuelve a ponerte tu corona.

PENSAMIENTOS EXCEPCIONALES

✦ Soy una hija de Dios escogida, Él me escogió personalmente, y soy creada a su imagen. Él me ama, me valora y tiene un gran propósito para mi vida. No permitiré que mis errores, mis fracasos u otras personas me convenzan de lo que soy y de a Quién pertenezco.

✦ Soy amada por Dios no debido a mi desempeño, no porque lo haga todo perfectamente, sino porque soy su hija.

✦ Soy ungida y tengo el llamado de Dios sobre mi vida para hacer grandes cosas. No importa si otra persona reconoce ese llamado o mis dones y talentos. Me mantendré erguida, sabiendo que lo único que necesito es a Dios a mi lado.

✦ Dios ha hecho mis maletas con todo lo que necesito para alcanzar los sueños que tengo para mi vida. Tengo los dones adecuados, los talentos apropiados, y la personalidad correcta. No me falta nada, y avanzaré en fe sabiendo que estoy totalmente calificada y soy capaz de hacer lo que Él me ha llamado a hacer.

✦ Es mi tarea desempacar lo que Dios ya ha puesto amorosamente en mi interior para mis tareas especiales. Trabajaré juntamente con Dios para desarrollar y vivir la vida que Él ha planeado para mí.

✦ Como soy hija de Dios, soy realeza, soy su amada, y caminaré cada día conociendo mi verdadera identidad. No permitiré que las cosas que me han sucedido, el modo en que fui tratada, o los errores que he cometido distorsionen esa imagen.

CAPÍTULO 2

Di amén

Yo no sabía que me casaría con un pastor. Cuando Joel y yo nos casamos, él trabajaba entre bastidores en el ministerio de su padre, y nunca nos imaginamos que nos haríamos cargo de la iglesia cuando su padre falleció. Joel y yo siempre hemos amado la Iglesia Lakewood y a su comunidad, y sabíamos que siempre seríamos parte del ministerio en alguna posición, pero nunca imaginamos liderar la iglesia.

Desde luego, Dios tenía otros planes.

Jamás pensé que podía estar de pie delante de la congregación y dar un mensaje cada semana. Recuerdo la primera vez que el padre de Joel, John, me pidió que hablara. Él quería que animara a la congregación antes de orar en el servicio de la mañana del domingo. Durante la adoración, yo tenía los ojos cerrados, cantando y adorando; pero cuando abrí los ojos, vi que John se había volteado en su asiento y me miraba fijamente. Me preguntó en un susurro: "Victoria, ¿quieres dirigir el segmento del tiempo de oración?".

Sé que seguramente lo miré llena de asombro. No estaba hablando de la próxima semana o el próximo mes, ¡sino del final de

la canción que estaba a punto de terminar! Seguí allí de pie, totalmente asombrada. Nunca le había dado ninguna indicación de que
quisiera dirigir el tiempo de oración, de modo que no entendía
por qué me lo estaba pidiendo. Me reí nerviosamente y dije: "Papá
O, creo que no". Él sonrió amablemente, como solamente él sabía
hacer, se giró y no dijo ni una palabra más al respecto.

Cuando regresé a casa esta tarde, no podía sacudirme aquel
sentimiento de inquietud. Batallaba con el hecho de haber dicho
que no. No dejaba de pensar en qué habría causado que Papá
O me pidiera que lo hiciera. Él obviamente creía en mí, pero yo
ni siquiera tuve la valentía de creer en mí misma. Mientras más
pensaba al respecto, más me daba cuenta de que estaba enojada
conmigo misma. Me sentía frustrada y decepcionada debido a mi
falta de valentía. Ahora bien, sabía cuán nerviosa me sentía cada
vez que tenía que orar delante de personas, aunque solo fuera un
grupo pequeño, pero en cierto modo aquel "no" no me parecía
lo correcto. Sabía que había un sí en mi corazón. Quería estar
a la altura de la ocasión; el problema era que el sí estaba enterrado debajo del temor y la inseguridad. Mi sí había sido ahogado
porque yo me sentía insegura y no sabía si podría hacerlo.

¿Alguna vez has dicho no a una oportunidad porque no te
sentías preparada o pensaste que otra persona estaba mejor calificada? Realmente querías decir sí, pero quizá solamente sentías
temor porque no sabías cómo saldrían las cosas. Tal vez dijiste
no a una oportunidad porque no sabías si tenías el tiempo o
el talento. Quizá dijiste no a un ascenso porque estabas muy insegura de tus habilidades. Todas

> *Todas hemos dicho no a cosas en nuestras vidas, pero no podemos permitir que el temor al fracaso o la falta de experiencia nos alejen de nuestro sí.*

hemos dicho no a cosas en nuestras vidas, pero no podemos permitir que el temor al fracaso o la falta de experiencia nos alejen de nuestro sí. Poner excusas evitará que crezcamos y experimentemos nuevas oportunidades. Si queremos alcanzar nuestros sueños y llegar a la plenitud de nuestro destino, debemos dejar atrás nuestras excusas y hacer a un lado los "noes", aferrarnos a nuestros "sí" y dar pasos valientes de fe.

Cuando Dios le dijo a Moisés que era enviado para liberar a Israel de la cautividad del faraón, lo primero que él dijo fue: "¡No puedo hacerlo!". Comenzó a decirle a Dios todas las razones por las que no podía hacerlo; era lento en su conversación, tartamudeaba, y quería que otra persona hablara en su nombre. Finalmente, Dios le preguntó a Moisés: "¿Quién hizo tu boca?". ¡Dios le estaba recordando a Moisés quién preparó sus maletas! Dios quería que él tuviera las ideas claras, que supiera que tenía todo lo que necesitaba para realizar el trabajo. Entonces Dios le dijo: "Ahora, ¡ve! Yo te ayudaré a hablar y te enseñaré qué decir". Él convirtió el no de Moisés en un sí.

Al igual que Moisés, a veces nos llegan las oportunidades y lo primero que nos viene a la mente es: *No puedo*. No es que no queramos, es sencillamente que permitimos que sentimientos abrumadores de temor e inseguridad nos sobrecojan. Comenzamos a pensar que no tenemos los recursos o la capacidad. Dios nos está diciendo lo mismo que le dijo a Moisés. "Ve, y yo te ayudaré. Ve, y yo te enseñaré". Nuestro Dios es un Dios de "Yo puedo", y quiere que nosotras seamos personas de "Yo puedo". El apóstol Pablo dice: "Todo lo puedo en Cristo que me fortalece". Así como Dios enseñó a Moisés, Él quiere enseñarnos a nosotras a tener pensamientos que dicen: "Yo puedo".

Puedo romper malos hábitos. Puedo tener buenas relaciones.

Puedo perdonar. Puedo ser exitosa. Puedo vencer. Todo lo puedo por medio de Cristo.

Después de aquel domingo, estuve batallando con mi "no" por varios días antes de llegar finalmente a la conclusión: "Si Papá O me lo vuelve a pedir, voy a decir que sí". Me comprometí en mi corazón a decir sí la próxima vez que me lo pidiera. Incluso comencé a pensar en lo que podría decir durante ese tiempo de oración porque estaba decidida a cumplir con mi sí. Quería sentirme cómoda sabiendo que tenía algo preparado de antemano. Por lo tanto, cuando fui a la iglesia aquel domingo siguiente y comenzó el canto de adoración, levanté las manos, cerré los ojos y dije: "Dios, hoy no, por favor. Que no sea éste el domingo en que él me lo pida". Aunque no fue ese día, eventualmente llegó el día en que Papá O finalmente me lo volvió a pedir. Reuní la valentía y me aferré a mi sí, y creo que debido a que lo hice, Dios me dio la gracia para levantarme y hacerlo.

Dar ese paso de fe rompió la limitación en mi mente. Cada vez que lo hice después de aquella primera vez obtuve un poco más de experiencia, tuve un poco más de confianza, y mi sí se volvió más fuerte. Cuando comencé a avivar mis dones y a dejar a un lado el temor y la duda creyendo que Dios había puesto en mi interior todo lo que necesitaba, eso me condujo finalmente a ponerme de pie sobre la plataforma y dar mi primer sermón. Si no hubiera estado decidida a descubrir ese "sí" que estaba escondido dentro de mí, me habría perdido muchas oportunidades más adelante en el camino.

Si se fija, Dios quería hacer algo. Yo no sabía que en aquel momento lo que había en mi futuro, pero Dios sí lo sabía. Él sabía que muchos años después yo estaría sobre la plataforma delante de la gente cada domingo. Él me estaba preparando. Él ya me había llamado y escogido para la tarea, y solamente era necesario que yo diera ese primer paso de fe hacia mi destino.

Jesús dijo: "Yo soy la vid y ustedes son las ramas" (Juan 15:5). Cuando te mantienes conectada a Cristo, estás conectada a la fuente de poder. Pero tienes que soltar el "no puedo" antes de poder agarrarte al "yo puedo". Con Dios, puedes dejar atrás esas mentalidades limitadas que intentan retenerte y entrar por esas puertas de oportunidad que Dios ha abierto para ti.

Dios quiere hacer algo en tu vida. Él conoce lo que hay en tu futuro. Él te está preparando y alistando. Si hay un sí en tu corazón es porque Dios lo puso ahí. Es momento de actuar conforme a tu sí. No está en ti por accidente. Permite que el sí ahogue el no que está intentando alejarte de lo que Dios ha puesto en tu corazón. Él quiere hacer algo en tu vida que

> *Dios tiene una tarea con tu nombre escrito en ella. Es una tarea que quiere que lleves a cabo para Él.*

parece imposible. Él quiere llevarte a nuevos niveles en tu fe para que puedas elevarte más alto y llegar más allá de donde estás ahora. Suelta las inseguridades que intentan retenerte. Dios tiene una tarea con tu nombre escrito en ella. Es una tarea que quiere que lleves a cabo para Él.

Dios quiere usarte

Tal vez conoces la historia de Abraham y Sara, y cómo Dios les prometió que iban a tener un hijo. Cuando Él hizo esa promesa, ellos habían pasado ya la edad de tener hijos. Parecía imposible. Sara no veía cómo podría tener un bebé, de modo que comenzó a suponer que la promesa de Dios llegaría a ellos mediante otra persona. De hecho, llegó tan lejos como para ocuparse ella misma del asunto y le dijo a su esposo que se acostara con su sirvienta, Agar. Su sirvienta dio a luz a un hijo, pero como leemos más adelante, ese niño no era el hijo prometido. Dios le hizo la promesa a Sara, no a su sirvienta Agar. Esa era tarea de Sara. Dios estaba diciendo: *Sara, yo no puse la promesa en otra persona, puse la promesa en ti.*

Dios siguió diciéndoles a Abraham y Sara que tendrían un hijo, y Sara siguió dudando de que eso sucediera. Sara incluso se rio ante la idea. No creía que tuviera la capacidad de poder dar a luz al hijo que Dios dijo que tendrían. Pensó en su edad y en el hecho de que aún no había sucedido; estaba mirando todas las cosas equivocadas. No obstante, el hecho permaneció: Dios la había escogido a ella. Veinte años después, a la edad de noventa años y contra todo pronóstico, ella dio a luz al hijo que Dios había prometido y le puso por nombre Isaac. Dios es el Dios de todas las posibilidades. Incluso cuando no puedas ver cómo puede suceder, Dios tiene una manera de hacer que suceda.

¿Te estás diciendo a ti misma que no puedes alcanzar tus sueños, que no tienes las conexiones, que eres demasiado vieja, que es demasiado tarde, que has cometido demasiados errores? Quizá sientes que todas las probabilidades están en tu contra, pero lo que Dios ha prometido sucederá. No va a llegar mediante otras personas; va a llegar por medio de ti. Quizá no veas cómo podría suceder, pero Dios siempre tiene un camino. Dios ya ha preparado tus maletas para cada tarea que Él te dará. **No necesitas que otra persona dé a luz a la promesa que Dios puso en tu corazón.**

No permitas que tú "no" cause que mires a otras personas

para hacer las cosas que Dios quiere que tú hagas. Igual que Sara, puede tomar tiempo, o igual que Moisés, quizá te sientes descalificada. Igual que yo, tal vez no te sientes preparada. Puede que no veas cómo podría usarte Dios o cómo podría suceder, pero Dios quiere obrar en ti y por medio de ti. Necesitas ponerte de acuerdo con Dios, decir lo que Dios dice sobre ti. Todo lo puedes por medio de Cristo. Eres capaz de alcanzar tus sueños. Puedes tener una familia fuerte. Puedes tener una carrera exitosa. Puedes caminar en las bendiciones de Dios. Él está esperando tu sí. La Escritura dice: "Todas las promesas que ha hecho Dios son «sí» en Cristo. Así que por medio de Cristo respondemos «amén»" (1 Corintios 1:20). *Amén* significa "que así sea". Debes estar dispuesta a correr un riesgo y dar un paso de fe. Dios te ha escogido, ¡y eres excepcional!

Un hombre en la Biblia llamado Gedeón tenía un gran potencial pero no podía verlo en sí mismo. Un día aventaba trigo en un lagar, para ocultarlo de los madianitas que se estaban apoderando de la tierra y robando todo lo que poseían los israelitas. Se le apareció un ángel del Señor y le dijo: "Gedeón, el Señor está contigo, hombre poderoso y valiente".

Gedeón detuvo lo que estaba haciendo y preguntó al ángel. Le dijo: "Pero, señor, si el Señor está con nosotros, ¿por qué nos ha sucedido todo esto?". El ángel ignoró su falta de fe, y respondió: "Ve con la fuerza que tienes y salva a Israel de la mano de Madián. ¿No te envío yo?". Pero Gedeón respondió: "¡Un momento! ¿Cómo puedo hacer eso? Mi clan familiar es el más pobre en Manasés, no significamos nada, y yo soy el último en la casa de mi padre".

Ahí está Dios, diciéndole a Gedeón que ha sido escogido para salvar a su pueblo, y lo único que Gedeón puede hacer ¡es encontrar excusas de por qué debería ser otra persona! Hay un marcado contraste entre cómo Gedeón se veía a sí mismo y cómo Dios lo veía. Gedeón pensaba que era débil, incapaz, descalificado, y de la familia equivocada. Estaba lleno de temor. ¡Pero Dios lo veía como un campeón intrépido y valiente! Él sabía que Gedeón tenía la fuerza y la capacidad; sabía que Gedeón era excepcional y estaba a la altura de la tarea.

Gedeón, como muchas de nosotras, necesitaba algo de convicción antes de que estuviera dispuesto a decir que sí. Le pidió al ángel que le diera una señal de que era, de hecho, un mensajero de Dios. Cuando vio la "prueba" de que era Dios quien lo enviaba, finalmente se puso de acuerdo con Dios. Se aferró a la fortaleza de Dios, salió y obtuvo la victoria.

Dios nos está diciendo a nosotras lo que le dijo a Gedeón: Eres una persona de un valor intrépido. Está apelando a las grandes cosas que hay en tu interior. No permitas que tu propia voz de duda ahogue la voz de Dios. Sacúdete cualquier cosa que intente retenerte, ¡y permite que la voz de Dios salga resonando alta y clara! Quizá te sientes débil, pero tu debilidad puede ser convertida en fortaleza cuando te pones de acuerdo con Dios. Cree que tienes lo que se necesita, ¡y dale a Dios tu sí!

> *No permitas que tu propia voz de duda ahogue la voz de Dios.*

Aviva tu fe

El otro día tenía muchas ganas de un vaso de leche fría con chocolate. Solía beberla todo el tiempo cuando era niña; por lo que fui a la cocina, me serví un vaso de leche fría, añadí dos cucharadas de chocolate y lo revolví. Estaba tan delicioso, así como lo recordaba. Pero entonces oí sonar mi teléfono en la otra habitación. Dejé allí mi vaso y fui a responder al teléfono.

Tras terminar mi llamada telefónica, regresé a la cocina para terminar de beberme la leche con chocolate, cuando observé que la leche y el chocolate se habían separado. Todo el chocolate había bajado hasta el fondo del vaso.

Aunque no siempre nos damos cuenta, a veces es lo que puede suceder en nuestras vidas. Nuestros sueños y deseos pueden hundirse hasta el fondo de nuestro vaso. Debido a las decepciones y los desafíos, o a cosas que toman más tiempo del que esperábamos, podemos separarnos de la alegría y la pasión que antes teníamos. Las metas que nos emocionaban tanto anteriormente, ya fuera comenzar nuestro negocio, cancelar todas las deudas, o volver a recuperar la salud, pueden ser empujadas hacia abajo debido a las presiones de la vida. Si alguna vez te has sentido de ese modo, separada de tus metas o de tus sueños, la buena noticia es que sigues estando llena de dones y talentos, y tienes la capacidad para cumplir esos sueños y alcanzar lo que Dios puso en tu corazón. Aquel día en la cocina, agarré mi cuchara y volví a revolver mi leche con chocolate, y sabía tan buena como siempre. Quiero alentarte a que saques tu cuchara divina y comiences a avivar lo que hay en tu interior. Aviva tu potencial, aviva tus sueños y aviva tu pasión. Puede ser tan buena como siempre. Dios no te creó solamente para soportar la vida, sino para disfrutarla; no para ser promedio sino para ser excepcional.

El apóstol Pablo tenía un joven protegido llamado Timoteo. Él observó que Timoteo estaba batallando y pasando por retos como los que todas enfrentamos; estaba sintiéndose desalentado e inferior, pensando que no estaba a la altura de la tarea. Quizá se comparaba a sí mismo con Pablo. Cuando miraba la vida de Pablo, su talento, sus habilidades de liderazgo, su capacidad para hablar y escribir con tanta eficacia, Timoteo sentía que nunca estaría a la altura. Estaba mirando hacia afuera en lugar de mirar hacia adentro. Por eso, Pablo dijo: "Timoteo, aviva el don de Dios que hay en ti" (ver 2 Timoteo 1:6). Notemos las palabras de Pablo: *en ti*. Él sabía lo que Dios había puesto en el interior de Timoteo. Sabía que tenía los dones, los talentos, la determinación, el favor y la sabiduría. Tan solo necesitaba creer que estaban en él y avivarlos.

No permitas que tus sueños, deseos o metas se vayan hasta el fondo del vaso. Estás llena de potencial. Dios ha puesto en ti cosas asombrosas. Estás llena de ideas, creatividad y capacidad. Dios te está diciendo: ¡aviva lo que hay en ti! ¡Permite que el "sí" suba a la superficie! Comienza a creer que puedes lograr lo que hay en tu corazón. No te falta nada. No te dieron de menos. Dios no te pediría que hagas algo si no te hubiera dado ya la capacidad para tener éxito. Como Gedeón, verás la mano de favor y bendición de Dios, y llegarás más lejos de lo que jamás imaginaste.

> *Dios no te pediría que hagas algo si no te hubiera dado ya la capacidad para tener éxito.*

Busca momentos de destino

Hay momentos en nuestras vidas en los que sentimos que no somos suficientes, que estamos en desventaja, que no conocemos a las personas adecuadas, o que parece que no conseguimos los avances correctos. Cuando nos ponemos ansiosas, necesitamos estar alertas a las maneras en que Dios nos está ayudando. No vivas

> *Vive en paz, sabiendo que el Creador del universo ha ordenado tu futuro.*

frustrada. Confía en que Dios tiene el control, y que Él no solo está dirigiendo tus pasos sino también dirigiendo los pasos de las personas que tú necesitas. Él te está situando en el lugar correcto en el momento correcto. Vive en paz, sabiendo que el Creador del universo ha ordenado tu futuro. En el momento adecuado entrarás en momentos de destino, donde Dios te lanzará a nuevos niveles.

Tengo una buena amiga que era reportera de noticias de televisión cuando tenía veintitantos años. Y debido a que batallaba con una rosácea en la piel realmente mala, siempre tenía que ponerse mucho maquillaje para sentirse presentable delante de la cámara. Un día, mientras estaba presentando las noticias, el calor de las luces en el plató la hizo sudar. Al secarse el sudor de la cara, también se fue su maquillaje, dejando una embarazosa zona de piel rosada para que todo el mundo la viera. Mi amiga probó muchos tipos distintos de maquillaje para ver si podía encontrar alguno que le durara verdaderamente todo el día, pero siempre quedaba decepcionada.

Estaba tan frustrada que decidió intentarlo y crear ella misma el maquillaje. Dejó su empleo como reportera y se lanzó a la investigación. Finalmente, desarrolló un producto que realmente le gustaba y creía que tendría éxito, pero para producir ese maquillaje necesitaba un respaldo financiero. Ella y su esposo fueron a un banco tras otro, pero ellos los rechazaban una y otra vez.

Finalmente recibieron una pequeña cantidad de dinero de algunos amigos y familiares, pero al final se dieron cuenta de que para lanzar la empresa tendrían que hacerlo principalmente ellos solos. Crearon una página web para poder sacar al público su producto. Estuvo anunciándose durante semanas y semanas sin ninguna actividad y sin ningún pedido. Por fin llegó un pedido. Ella fue corriendo donde su esposo y le dijo: "Mira, tenemos nuestro primer pedido. Él dijo: "No, fui yo. Solo estaba probando la página web".

Mi amiga sabía que para hacer un lanzamiento exitoso necesitaba acudir a una red televisiva como QVC, o a tiendas de belleza como Ulta o Sephora. Durante años, les estuvo enviando el producto a todos ellos, e intentó reunirse con representantes, pero nadie se puso en contacto después de aquellas reuniones. Finalmente, ella y su esposo se gastaron hasta el último dólar que tenían en el banco, y tenían una última convención de cosmética a la que planeaban asistir. Todas las empresas más importantes estarían allí. Todo lo que mi amiga podía permitirse era un stand diminuto de tres pies. Justo al otro lado del pasillo estaba el stand enorme de QVC. Tras un par de horas, y después de que cientos de personas hubieran pasado por su stand, una mujer se detuvo y parecía querer entender realmente el producto y la historia de mi amiga. Sucedió que ella era una de las personalidades en el aire del canal QVC que había estado en la red por más de diecisiete años. Mi amiga se presentó y comenzó a charlar sobre su maquillaje; incluso llegó tan lejos como para mostrar a la mujer el corrector, y se lo puso allí mismo. La mujer se fue con su producto, y mi amiga oró para que aquella fuera la puerta abierta que necesitaba tan desesperadamente.

Unas semanas después recibió una llamada de QVC. Esa mujer

había hablado con los ejecutivos del canal sobre aquella dama joven a la que conoció y su empresa de cosméticos, para que le dieran una oportunidad. Le ofrecieron un espacio de diez minutos. Si ella vendía y agotaba su producto, volverían a invitarla. Si no lo conseguía, ahí se acababa todo.

Mi amiga no podía creerlo. Sabía que ese era el momento que había estado orando. La parte más difícil era que mi amiga tenía que llevar más de seis mil unidades de su corrector para venderlas en solo diez minutos. Y si no los vendía, tendría que retirarlos todos. Todo estaba en juego.

Por fin llegó el día señalado. Cuando fue al canal QVC, practicó lo que iba a decir y salió a escena. Mientras las luces la deslumbraban, habló con entusiasmo sobre esa línea de maquillaje y por qué la había creado. Le pareció que fueron diez segundos en lugar de diez minutos, pero de repente se le acabó el tiempo, y en ese mismo momento en que se quedó sin tiempo, salió por toda la pantalla un cartel de AGOTADO. Ella miró al presentador, y comenzaron a caer lágrimas por sus mejillas. ¡Lo había conseguido!

Después de aquel día le dieron otro espacio de diez minutos, y después otro. En la actualidad, mi amiga, Jamie Kern, la fundadora de IT Cosmetics, sale en QVC doscientas veces al año. Su empresa se ha convertido en una de las mayores empresas de cosméticos del mundo, y ahora también se vende en Sephora y Ulta Beauty. Ocho años después de haber fundado su empresa, L'Oréal adquirió IT Cosmetics por una gran suma de dinero, convirtiendo a Jamie en la primera mujer directora general en los más de cien años de historia de L'Oréal.

Años después, cuando Jamie estaba dando las gracias a la

mujer que lanzó verdaderamente su carrera, le preguntó por qué lo hizo. ¿Qué había en ese corrector que la convenció de que la línea de Jamie sería un éxito? Aquella mujer dijo: "Bueno, me gustó tu producto pero no fue por el maquillaje. Cuando te vi aquel día, sentí como si Dios me dijera: 'Ve y ayuda a esa señora'. Cuando te conocí, supe que serías buena en el aire, y por eso les hablé de ti a los ejecutivos. Pero ¿sabes qué, Jamie? Tú hiciste el resto".

Incluso cuando tengas la sensación de que nada está funcionando, y que las cosas están tomando mucho más tiempo del que esperabas, Dios tiene a las personas adecuadas preparadas para ti. Él está hablándoles a personas a las que tú no conoces. Van a abrirse puertas que tú no podrías abrir. No tienes que preocuparte, intentando constantemente hacer que sucedan cosas; ya está preparado. Lo que

> *Quizá no conoces a las personas correctas, pero Dios sí las conoce, y Él está dirigiendo tus pasos y a las personas que necesitas.*

necesitas está en ruta. Un momento de destino está justo al otro lado de la esquina. En el momento adecuado vas a ver conexiones divinas. Igual que Jamie, habrá personas que querrán hacerte bien. Quizá no conoces a las personas correctas, pero Dios sí las conoce, y Él está dirigiendo tus pasos y a las personas que necesitas.

Permanece en fe; cree que Él está obrando entre bastidores y que abrirá las puertas correctas en el momento correcto, y te llevará donde necesites estar. Cuando dices "amén", estás en acuerdo con Dios y mantienes viva tu fe. Debido a que tu confianza está en Dios, colaboras con Él y juntos harán cosas asombrosas.

Sacude el puente

¿Qué "sí" enterrado está buscando subir a la superficie? Muchos de los santos inicialmente dijeron que no. Sara acudió a su sirvienta. Gedeón pensó que Dios debería escoger a otro. Moisés dijo: "No puedo". Igual que mi suegro me pidió que lo hiciera una segunda vez, Dios volverá a pedírtelo. Él no va a guardar tu "no" contra ti. Dios volverá a pedírtelo. ¿Por qué no dejas de pelear con ese "no" y tan solo dices que sí a Dios? Él te ha dado algunas tareas que solamente tú puedes hacer, y quiere que las lleves a cabo en esta tierra.

Decir amén significa que decimos "sí" a Dios, incluso cuando las cosas toman mucho tiempo y cuando otros no entienden lo que hacemos. Seguimos diciendo "sí" a Dios. Noé es un gran ejemplo de esto. Cuando Dios le pidió que construyera un arca inmensa, la gente pensaba que Noé estaba loco. En cada paso del camino había personas que lo menospreciaban y decían: "Noé ha perdido la cordura. ¿Qué está haciendo?". Pero Noé siguió trabajando en lo que Dios le había indicado que hiciera. No permitió que el ridículo y la incredulidad cambiaran su sí. Avivó su fe y se mantuvo en acuerdo con Dios.

Siempre va a haber oportunidades y razones para abandonar. El tiempo pasa, y nos preguntamos: *¿Realmente eres tú, Dios? ¿Es esta demora tu negativa? ¿Debería soltar esto y abandonar?* Quizá la gente te critique. No entienden lo que Dios te ha hablado. La Biblia dice que necesitas aferrarte a tu profesión de fe. Necesitamos aferrarnos a sus promesas y seguir marchando con Dios, porque no es nuestra capacidad lo que hace que se produzca, sino la capacidad que Dios te da. Cada vez que dices sí, estás un paso más cerca de tu destino, un paso más cerca de cumplir el plan que Dios tiene para ti.

Cuando mis hijos eran más pequeños, solían ver unos dibujos animados sobre un ratón y un elefante. En uno de los episodios, ese diminuto ratón y su amigo, un elefante inmenso, salieron a dar un paseo. Admiraban las flores y las aves por el camino. Pronto llegaron a un viejo puente tambaleante que cruzaba un río que discurría rápidamente. Mientras cruzaban, el puente temblaba, se sacudía y se balanceaba bajo el peso del elefante. Cuando llegaron sanos y salvos al otro lado, el ratón estaba muy emocionado. Levantó su mirada a su amigo el elefante y le dijo con mucho orgullo: "Vaya, realmente sacudimos ese puente, ¿no es cierto?".

Cuando te aferras a la fortaleza de Dios, eres como ese ratón diminuto. Quizá te sientas pequeña en comparación con lo que estás enfrentando, pero tienes que recordar que, con Dios Todopoderoso, tú tienes la fuerza de un elefante. Aférrate a sus promesas, y entonces levantarás la vista y dirás: "Vaya, Dios, realmente sacudimos algunos puentes, ¿no es cierto?".

PENSAMIENTOS EXCEPCIONALES

✦ Cuando lleguen oportunidades a mi camino, no permitiré que mi temor al fracaso, mis inseguridades o mi falta de experiencia ahoguen el sí que Dios puso en mi corazón. Me mantendré conectada a Cristo, mi fuente de poder, y atravesaré las puertas de oportunidad que Él abra para mí.

✦ Estoy llena de ideas, creatividad y capacidad. Avivaré mi fe y permitiré que mis sueños y mi pasión suban a la superficie de nuevo, creyendo que Dios los puso ahí por una razón y que Él hará que se cumplan.

✦ Dejaré a un lado mi "no puedo" para así poder aferrarme al "yo puedo" que Dios ha puesto en mí. Incluso cuando no pueda ver cómo va a suceder, Dios encontrará una manera y está preparando un momento de destino para mí ahora mismo.

✦ No buscaré que otras personas hagan las cosas que Dios quiere que yo haga. No necesito que otra persona dé a luz a la promesa que Dios puso en mi corazón.

✦ Dios dice que soy una persona de valentía intrépida. No permitiré que mi propia voz de duda ahogue la voz de Dios. Me aferraré a las promesas de Dios y seguiré marchando con Él. Todo lo puedo por medio de Cristo.

✦ Me mantendré alerta a maneras en que Dios me está ayudando. Creo que Él no solo dirige mis pasos, sino que también dirige los pasos de las personas que necesito. En el momento adecuado, entraré en momentos de destino en los que Dios me lanzará a nuevos niveles.

Levanta tu vista

CAPÍTULO 3

Enfócate en las promesas

El otro día escuché una historia sobre un hombre que se sentía abatido y desalentado. Tras varias semanas de estar en un estado de desesperación, acudió a uno de sus pastores en la iglesia y dijo: "Pastor, no me gusta molestarle, pero mire, en este momento siento que mi vida es un caos. Estoy rodeado por decepciones, y no entiendo por qué me está sucediendo esto. No sucede nada bueno en mi vida".

El pastor invitó al hombre a su oficina, sacó un cuaderno, trazó una línea por el centro de la hoja, y dijo: "Muy bien, escucho cuán frustrado está y que las cosas no están saliendo como usted quiere. Tomemos un momento para hacer inventario de su vida, por así decirlo. En el lado derecho voy a escribir todos sus bienes: todas las cosas que son buenas en su vida. En el lado izquierdo voy a enumerar todos sus desafíos, sus problemas y sus decepciones. ¿Le parece bien?".

El hombre agachó la cabeza, y dijo: "No voy a tener nada que enumerar en el lado derecho. No hay nada correcto en mi vida".

El pastor asintió con la cabeza mostrando comprensión. "Lo

entiendo. Escuche, vamos a hacer nuestras listas. A propósito, he querido decirle que lamento mucho saber que su esposa falleció".

El hombre levantó la mirada sorprendido y respondió: "Mi esposa no falleció. Está viva y sana". El pastor sonrió y dijo: "Ah, ¿de veras?". Anotó en el lado derecho de la página: *Esposa, viva y sana.* Entonces dijo: "Pero es una lástima que se haya quemado su casa". El hombre meneó la cabeza y respondió: "¿De qué está hablando? Mi casa no se quemó". El pastor volvió a sonreír y dijo: "Oh, ha sido error mío". Entonces escribió en el lado derecho de la página: *Vive en una casa.*

El hombre miró a su pastor muy confundido: "¿Dónde quiere llegar con toda esta información ridícula?".

El pastor le sonrió y no dijo nada. Tras unos segundos, el hombre reconoció lo que estaba sucediendo. Cuando terminaron la sesión, el hombre tenía una larga lista de bendiciones en el lado derecho de la página. Enseguida se dio cuenta de que estaba mirando las cosas erróneas y obtuvo una perspectiva nueva. Salió de la iglesia con una actitud diferente y un brío distinto en su paso.

Aquello que elegimos en enfocarnos puede hacer toda la diferencia en nuestras vidas. A través de esa simple actividad, ese hombre se dio cuenta de que podía cambiar su perspectiva dependiendo en qué elegía enfocarse. Es como la pregunta clásica: "¿Está el vaso medio lleno o medio vacío?". La cantidad de agua que hay en el vaso es la misma, sin importar cuál sea la respuesta. Es sencillamente cómo decidimos ver la cantidad de agua en el vaso lo que cambia la perspectiva.

¿Cómo estás viendo tu vida hoy? ¿Sientes que está medio vacía o medio llena? ¿Te levantaste esta mañana preparada para encarar el día? ¿O te despertaste cansada, enfocada en las pruebas que quizá enfrentas y en las frustraciones que te esperan en tu camino?

Ser excepcional significa que eres intencional con tu actitud. Deberías buscar lo que es correcto en tu vida y ser agradecida por lo que tienes. Cuando buscamos la bondad de Dios y fijamos nuestros ojos en sus promesas, nuestros pensamientos cambiarán de la derrota a la victoria.

Reordena tus pensamientos

Hace unos años atrás, cada vez que entraba en la sala de mi casa, pensaba: *No me gusta cómo se ve esta habitación. Me gustaría poder librarme de todos estos muebles y comenzar desde cero. Eso sería asombroso.* A medida que pasaban los días, cada vez que entraba en esa habitación, mi actitud era de disgusto hacia ese salón. Me sentía frustrada, y podía escucharme a mí misma quejándome de eso. Ahora bien, era la sala de mi casa. Está en el centro de mi casa, y no puedo mover esa habitación. No puedo evitar verla varias veces al día.

Un día, cuando me di cuenta de que probablemente no iba a tener muebles nuevos en un futuro cercano, decidí que era el momento de reorganizar los muebles que tenía. No había nadie cerca que me ayudara, así que me las ingenié para colocar unas toallas debajo de las patas del sofá y comencé a tirar de él, ubicándolo en diferentes posiciones. Después moví un sillón y una mesa de esquina, y hasta moví las lámparas. Cuando finalmente terminé, retrocedí, y para mi deleite, la percepción que tenía de la sala había cambiado por completo. Permanecí de pie, pensando: *Me gusta esta habitación. Se ve realmente bien.* Tenía ahora una nueva actitud completamente con respecto a los muebles. Fui a la cocina y me preparé una taza grande de té frío, y me senté en el sofá para disfrutar la escena. Pensé: *Nunca he visto estos muebles desde esta perspectiva; luce todo muy lindo. Y mira cómo los colores de ese cuadro realmente destacan cerca de esas sillas.*

Pude tener una actitud fresca con respecto a mi sala, y verla diferente cuando la reorganicé. Ahora, cuando paso por allí, siento gratitud en lugar de frustración.

Algunas veces necesitamos hacer lo mismo con nuestros pensamientos. Cuando te sientas deprimida o desanimada, debes prestar atención a lo que estés pensando. Así como reorganicé mis muebles, necesitamos reorganizar nuestro pensamiento para poder ver las cosas desde una perspectiva distinta. Muy a menudo no prestamos atención a la forma en que nuestros pensamientos afectan nuestras actitudes. No dejes que tus pensamientos te empujen de un lado para el otro; desplaza tus pensamientos y renueva la actitud de tu mente. La Escritura dice que debes renovar tu actitud cada día.

> *Necesitamos reorganizar nuestro pensamiento para poder ver las cosas desde una perspectiva distinta.*

Tener una actitud ganadora

Puede que hayas escuchado el dicho: "Tu actitud determina tu altitud". Esto significa que nuestras actitudes tienen una correlación directa con el nivel de éxito en nuestras vidas. De hecho, se publicó un estudio de la Universidad de Stanford sobre cuán poderosa puede ser una actitud positiva. Ellos descubrieron que una actitud positiva puede ser un indicador de éxito tan importante como el cociente intelectual.[1] Así que, aunque quizá no puedas controlar tu cociente intelectual, tienes la capacidad de influir en tu actitud. Del mismo modo, no siempre podemos controlar nuestras circunstancias, pero podemos controlar nuestra actitud sobre nuestras circunstancias. Cuando tomas control de tus pensamientos y actitudes, tu vida alcanzará nuevos niveles. Empodera tu vida con pensamientos positivos de fe.

Josué y Caleb nos proporcionan un ejemplo poderoso de cómo avivar la fe con pensamientos y actitudes correctas. Los israelitas acababan de salir de Egipto bajo el liderazgo de Moisés, luego de vivir en esclavitud por cientos de años. Dios los liberó con la promesa de que restauraría a Israel y los llevaría a la tierra de Canaán, la Tierra Prometida, donde fluía provisión en abundancia. Mientras viajaban hacia esa nueva tierra, Moisés envió a doce espías por delante, incluidos Josué y Caleb, con una misión para explorar la tierra de Canaán y averiguar lo más que pudieran antes de que los israelitas entraran a poseerla (ver Números 13). Él los instruyó para que trajeran parte del fruto de la tierra para que todo el pueblo lo viera.

Los doce espías estuvieron en Canaán por cuarenta días y después regresaron con los israelitas llevando con ellos un racimo inmenso de uvas y también granadas e higos asombrosos. Todo el pueblo se maravilló por la recompensa, y se dieron cuenta de que la tierra era fértil y producía en abundancia como habían escuchado. Sin embargo, el regocijo no les duró mucho tiempo, porque diez de los espías comenzaron a hablar sobre los problemas que vieron, dando un mal informe a todo el campamento. La percepción de ellos era: "Hay gigantes en la tierra. Las ciudades están rodeadas por muros inmensos. Nunca podremos conquistar a este pueblo. Ellos son mucho más grandes que nosotros. De hecho, parecemos como langostas comparados con ellos, y así les parecemos a ellos" (ver vv. 32-33).

Josué y Caleb, cuando escucharon el informe negativo,

levantaron su voz y dijeron: "Si el Señor se agrada de nosotros, nos hará entrar en ella" (Números 14:8). Ellos vieron que la tierra era buena. Además, vieron las ciudades fortificadas y cuán grandes eran los hombres allí. Sin embargo, eligieron no enfocarse en la estatura de la gente, sino que se enfocaron en el tamaño de su Dios. Vieron cómo el Señor estaba con ellos, protegiéndolos y permitiéndoles recorrer la tierra durante cuarenta días ilesos. Recordaron cómo Dios había separado el mar cuando salían de Egipto y ahogaba a sus enemigos. Ellos creían que, si Dios les había prometido esa tierra, Él los llevaría y les daría la victoria.

Diez espías escogieron ver el vaso medio vacío mientras que dos espías lo vieron medio lleno.

Una actitud negativa puede tener consecuencias devastadoras. La Biblia dice que los israelitas lloraron toda la noche. Usted pensaría que recordarían los muchos milagros que habían visto a Dios hacer, pero no lo hicieron. Tomaron la actitud del informe negativo, pensando que Dios los había dejado en el umbral de la Tierra Prometida. Comenzaron a murmurar y quejarse constantemente, negando el poder de Dios en sus vidas. Debido a sus actitudes, estuvieron vagando por el desierto durante cuarenta años, y ninguna persona mayor de veinte años entró en la Tierra Prometida, excepto dos de ellos.

Josué y Caleb, cuya fe se mantuvo firme, llegaron a la Tierra Prometida. Ellos tenían lo que la Biblia se refiere a "un espíritu diferente". Ellos escogieron creer y obedecer, no de acuerdo a lo que vieron, sino de acuerdo a lo que Dios dijo. Mientras que el resto de los adultos murió en el desierto, Josué y Caleb prosperaron debido a su espíritu de fe. Después de cuarenta años, ellos eran lo suficientemente fuertes como para dirigir a la generación siguiente a entrar en la tierra que Dios les había prometido.

Cuando tienes la actitud correcta, puedes observar tu situación, no importa cuán desafiante pueda parecer, y superarla si decides enfocarte en las promesas de Dios. Cuando eliges ver a través de los ojos la fe y no del temor, saldrás de la temporada de desierto con más fuerza y más determinación que antes.

> *Cuando tienes la actitud correcta, puedes observar tu situación, no importa cuán desafiante pueda parecer, y superarla si decides enfocarte en las promesas de Dios.*

A sus ochenta y cinco años, Caleb declaró: "Me siento mejor que nunca. Estoy tan fuerte ahora como cuando tenía cuarenta y cinco años, y estoy preparado para tomar esta tierra y destruir a los gigantes" (ver Josué 14:10-12).

Mientras ellos dirigían a la generación más joven a la Tierra Prometida, el lema de Josué los empoderó para entender la importancia de una buena actitud: "Elijan ustedes mismos a quiénes van a servir" (Josué 24:15). Quería que ellos supieran que la elección era de ellos. No tenían que seguir a la multitud ni a las últimas tendencias. Podrían elegir en qué querían enfocarse en la vida. Mientras los alentaba con su sabiduría, agregó: "Por mi parte, mi familia y yo serviremos al Señor".

Cuando decides servir al Señor, debes acallar las voces desalentadoras que intentan venir contra ti mediante los ojos de la fe y no del temor. Decide creer que Dios es un Dios poderoso, y que Él hará lo que ha prometido. Él ya ha desarmado el poder del enemigo. No te enfoques en los gigantes, sintiéndote víctima de tus circunstancias, más bien, enfócate en las promesas de Dios que garantizan la victoria.

No siempre podemos controlar nuestro entorno, pero podemos

> *Cuando adoptamos esa actitud ganadora, cambiará el modo en que enfocamos las situaciones incluso más desafiantes.*

controlar nuestros pensamientos y nuestras actitudes. Cuando adoptamos esa actitud ganadora, cambiará el modo en que enfocamos las situaciones incluso más desafiantes.

Tengo una amiga que dice que tiene una camisa "de la suerte". Y para cada reunión de negocios importante, para cada presentación y cada situación donde quiere sentir que todo va a salir bien, se pone esa camisa. Ahora bien, no hay nada de especial en esa camisa. No se trata de la camisa, se trata de los pensamientos y la actitud que ella tiene cuando lleva puesta esa camisa. Ella piensa: *Todo va a salir bien hoy. Voy a tener éxito porque llevo puesta mi camisa de la suerte.* Pero no es la camisa lo que crea el éxito. Sus pensamientos crean una actitud ganadora; sus pensamientos le dan la confianza necesaria para triunfar.

Cada día necesitas despertar creyendo que Dios te ha revestido con su poder, y que su bondad y misericordia te siguen todos los días de tu vida. Entonces tendrás el coraje y la audacia de seguir adelante con fe como vencedora y no como víctima.

Quitar el velo

En el libro del Génesis, Dios llamó a Abraham para que hiciera un viaje de fe. Lo que Dios estaba prometiendo a Abraham parecía imposible, pero Abraham siguió adelante en fe con sus ojos puestos en Dios. Cuando Dios le dijo: "Sal de la casa de tu padre", Abraham hizo lo que Dios le indicó. Salió del único lugar que conocía con su familia y su sobrino Lot.

En la siguiente etapa del viaje, Abraham y Lot tuvieron que separarse porque sus posesiones se hicieron tan abundantes, que la tierra no podía sostenerlos a ambos. Abraham no quería dejar a su familia, pero confió en Dios y le dijo a Lot que podía escoger la tierra que quisiera. Por lo tanto, Lot miró toda la tierra y se dirigió hacia el oriente, hacia lo que parecía ser una tierra hermosa, una tierra próspera y una tierra llena de oportunidad. Cuando Abraham miró al oeste, hacia donde iba a dirigirse, vio un montón de tierra seca y polvo. No se parecía a la tierra abundante que había escogido Lot. Pero Dios habló a Abraham y le dijo: "Levanta ahora tu vista. Mira tan lejos como alcance tu vista hacia el norte, el sur, el este y el oeste. Yo te daré toda la tierra que puedes ver" (ver Génesis 13:14-15).

Es interesante que el nombre *Lot* significa "velo". Mientras Abraham estaba con Lot, Dios solo le mostraba hasta cierto punto. Cuando se separaron, Dios levantó el velo de sus ojos y pudo ver a Dios de maneras diferentes. Dios quería revelarse a Abraham. Cuando Abraham levantó su vista, él pudo ver más allá de donde estaba y comenzó a ver su destino desplegarse hacia donde Dios lo estaba dirigiendo.

De la misma manera, la Escritura habla de que el velo ha sido levantado de nuestros ojos. Ha sido rasgado en dos por el poder de Cristo. A lo largo de nuestro viaje, Dios quiere mostrarnos cosas que no hemos visto antes, quiere revelarse a sí mismo de maneras poderosas. Él te está diciendo lo mismo que le dijo a Abraham: "Levanta tu vista, y te mostraré las cosas grandiosas que estoy haciendo en tu vida".

Es fácil enfocarse en lo que no funcionó, lo que no sucedió, los errores que cometimos o lo que alguien más nos hizo. Quita tus ojos de los problemas que intentan pesarte y retenerte, y

Cuando buscamos a Dios, Él siempre interviene.

en lugar de eso, levanta tu vista y mira las promesas de Dios. **No podemos poner nuestros ojos en los problemas; tenemos que enfocarnos en las promesas.** Así es como vamos a elevarnos por encima de donde estamos ahora. Cuando buscamos a Dios, Él siempre interviene.

Una amiga mía estaba sentada en la sala de espera de la oficina de un abogado. Se sentía insegura y estresada, intentando recordar todas las preguntas que tenía para el abogado y orando para tener la sabiduría para recordar y entender sus respuestas. Se sentía abrumada e insegura en sus capacidades, y oró: "Dios, ¿cómo voy a hacer esto?". Reflexionando sobre una conversación que tuvimos, ella recordó que cuando nos sentimos sobrecogidos por una situación, tenemos que apartar la vista del problema y enfocarnos en Dios. Entonces hizo precisamente eso. Abrió los ojos y miró hacia arriba, y justo encima de la puerta de la oficina del abogado había un cartel que decía: LA ORACIÓN LO CAMBIA TODO.

Mi amiga había estado muchas veces antes en esa oficina, y nunca había visto el cartel. Sabía que era un mensaje de Dios, de que Él estaba a su lado y que ella no estaba sola. Con su frente en alto, entró en esa reunión con confianza y con la seguridad de que Dios estaba con ella. Hizo todas las preguntas que necesitaba hacer, y entendió las respuestas con toda claridad.

Dios sabe que hay veces en que nos sentimos inseguras o sobrecogidas por nuestras circunstancias nos parecen abrumadoras. Cuando miramos a Dios, podemos seguir adelante con seguridad, sabiendo que Él está ahí siempre.

Confía en el viaje

Cuando Dios llamó a Abraham a que saliera de su país, le dijo: "Haré de ti una nación grande, y te bendeciré…¡por medio de ti serán bendecidas todas las familias de la tierra!" (Génesis 12:2-3). En ese momento, su nombre seguía siendo Abram, y no tenía hijos. Años después, Dios cambió su nombre a Abraham, que significa "padre de muchas naciones", pero aún no tenía hijos. No se parecía en nada al hombre que Dios prometió que sería, pero las promesas de Dios se declaran en la esfera invisible. Por eso, Dios levanta el velo para que podamos tener una vislumbre de lo que Él está haciendo. No siempre veremos cada paso del camino, pero Él nos muestra lo suficiente como para consolarnos, alentarnos y empoderarnos.

> *No siempre veremos cada paso del camino, pero Él nos muestra lo suficiente como para consolarnos, alentarnos y empoderarnos.*

Las promesas de Dios son progresivas, lo cual quiere decir que se desarrollan a su tiempo. Quizá no se ven aún, pero confía en el tiempo de Dios y serás todo aquello que Él diseñó para ti.

Yo tengo dos hermosos árboles de limón en mi patio trasero, y están llenos de fruto en este momento. Estaba en el jardín trasero con una amiga el otro día, y cuando caminamos al lado de ellos, ella se detuvo y pausó por un minuto, y después dijo: "Estos son los árboles de limas más asombrosos que he visto jamás".

Yo comencé a reírme, y dije: "No son árboles de limas. Son de limón".

Ella dijo: "Son árboles de limas…a mí me lo parecen".

Yo asentí con la cabeza, y dije: "Lo sé, parecen limas, pero el fruto que hay en esos árboles sigue estando en proceso; no ha terminado. Ahora están verdes y parecen limas, pero van a ponerse amarillos solo en cuestión de tiempo".

Hebreos 6 nos dice que hemos heredado las promesas de Dios mediante la fe y la paciencia (ver v. 12). Igual que aquellos limones que están en proceso, tú estás llegando a ser todo lo que Dios quiere que seas. Quizá no estás donde quieres estar; tus semillas de grandeza aún se están desarrollando. Pero no devalúes tu viaje. No olvides el propósito del proceso. El proceso es lo que construye tu fortaleza; el proceso es lo que te desarrolla; el proceso es lo que te hace llegar a ser todo aquello a lo cual Dios te llamó.

Durante el viaje de Abraham, él recorrió el proceso confiando en Dios, venciendo los desafíos y creciendo fuerte en su fe. Si tú atraviesas correctamente el proceso, también crecerás fuerte en tu fe, viviendo con propósito y cumpliendo tu destino. Abraham tenía cien años antes de recibir a su hijo prometido, Isaac. No obstante, mediante el proceso conoció el carácter de Dios, presenció la fidelidad de Dios y la provisión de Dios. Llegó a conocer a Dios como nunca antes lo había conocido.

Tú estás en el proceso, y estás convirtiéndote en todo lo que Dios diseñó para ti. Si te encuentras ahora consumida por un problema o pasando por una transición en tu vida, y te preguntas cómo va a solucionarse, es momento de que apartes tus ojos del problema y fijes tu mirada en las promesas. No permitas que actitudes negativas llenen tu corazón y te convenzan de que todo está saliendo mal en tu vida. El lugar donde estás en este momento no es tu destino final. Más allá de

> *El lugar donde estás en este momento no es tu destino final.*

ese lugar hay mayores alturas, mayores victorias, mayor fortaleza y mayor unción. Si no te conformas con el lugar donde estás, si continúas en el proceso, llegarás a ser como Abraham y verás la fidelidad de Dios en tu vida.

¿Estás viviendo con la vista levantada? ¿Estás enfocada en cuán grande es el problema o en cuán grande es nuestro Dios? ¿Estás confiando en Dios incluso cuando no tiene sentido? Él dirige tus pasos, y sabe lo que necesitas. Sigue caminando en obediencia y sigue levantando la vista. Cada vez que Abraham necesitaba algo, levantaba su vista y buscaba a Dios. Él vio la promesa de Dios en la multitud de estrellas en el firmamento, y la provisión de Dios mediante un cordero enredado en unos arbustos. Si mantienes tus ojos levantados, Dios intervendrá.

Eso es lo que hizo David. Él dijo: "A las montañas levanto mis ojos; ¿de dónde ha de venir mi ayuda? Mi ayuda proviene del Señor, creador del cielo y de la tierra" (Salmo 121:1-2). David sabía que cuando levantara la vista a esas montañas alrededor de Jerusalén, las bendiciones de Dios estaban ahí. Él sabía que tenía todo lo que necesitaba, las provisiones de Dios, la sanidad de Dios, la protección de Dios, porque Dios lo había prometido.

Dios tiene cosas asombrosas preparadas para ti, pero tienes que tomar una decisión: "¿Voy a mirar mis circunstancias y quedarme atascada, o voy a creer que al otro lado de mis circunstancias, Dios tiene cosas más grandes?". Dios te está diciendo hoy: "Levanta tu vista. Yo te creé para más". No te sientas desalentada por el lugar donde estás, pues no es tu destino final. Quizá ahora estás verde, pero te volverás amarilla. Quizá ahora eres Abram, pero te estás convirtiendo en Abraham. No puedes apresurar el proceso. Levanta tus ojos y verás la grandeza de nuestro Dios. Él siempre nos lleva a la Tierra Prometida.

PENSAMIENTOS EXCEPCIONALES

✦ Mis pensamientos tienen un poder increíble. No me permitiré a mí misma estar a merced de pensamientos negativos, dejando que dicten mi actitud y mi día. Decido sujetar mis pensamientos para poder ver todo lo bueno que Dios ha puesto en mi vida.

✦ No puedo controlar mi entorno, pero puedo controlar mis pensamientos. No seré una víctima de mis circunstancias. Decido servir al Señor y revestirme de una actitud ganadora que cambie el modo en que enfrento incluso las situaciones más desafiantes.

✦ No fijaré mis ojos en los problemas, en mis circunstancias, o en lo que esté intentando aplastarme y retenerme. Levantaré mis ojos y veré la grandeza de mi Dios.

✦ Pondré mi enfoque en las promesas de Dios y les prestaré atención hoy. A pesar de los gigantes que enfrente, las promesas de Él son más grandes. Decido creer que Él hará lo que ha prometido y que sus promesas garantizan mi victoria.

✦ Tendré un espíritu diferente, un espíritu excelente, y creeré que Dios es un Dios grande.

✦ ¡Dios no ha terminado conmigo! Estoy en el proceso de llegar a ser todo aquello para lo cual Él me creó. Miraré hacia el futuro que Él me ha prometido y dejaré de pretender apresurar el proceso. El tiempo de Dios es perfecto y Él sabe lo que hace.

CAPÍTULO 4

Alinéate con Dios

Cuando era pequeña, me encantaba ir a la playa de Galveston con mi familia. Metíamos todo en el auto y conducíamos hasta la costa. Encontrábamos un buen lugar, extendíamos una manta y abríamos una sombrilla de color rojo para protegernos del sol. Mientras mis padres se sentaban bajo la sombrilla y agarraban refrescos fríos de la nevera portátil, yo corría hasta el agua, donde jugaba durante horas perdiéndome en mis pensamientos y bailando entre las olas.

Lejos de la orilla, hay una serie de bancos de arena que discurren en paralelo a la playa. Una tarde, me sentí valiente y decidí nadar hasta el segundo banco de arena. Salí del primer banco de arena cerca de la playa y nadé por la parte profunda del agua hasta llegar al segundo banco. Aunque estaba bastante lejos de la costa, en ese punto el agua me llegaba a la rodilla. Estaba bastante orgullosa de mí misma, al haber recorrido el agua profunda hasta llegar allí, y quería que mi familia me viera. Me giré esperando ver a mi familia bajo la sombrilla roja, y aunque podía ver a muchas familias, no podía encontrar la mía. No podía ver esa sombrilla roja.

Intenté no sentir pánico, pero siendo una niña pequeña sabía que tenía que encontrar a mi familia. Volví de regreso a la orilla nadando lo más rápido que pude, y cuando llegué, pensé: *¿Hacia dónde voy?* Me dirigí a la izquierda y seguí caminando y caminando, examinando a la gente para encontrar a mi familia, pero no podía encontrarlos. Giré a la derecha y volví sobre mis pasos, sin dejar de buscar a mi familia. Finalmente, a la distancia vi aquella sombrilla roja. Y puedo decirte que, como niña, fue un momento feliz para mí. Al fin sentía tranquilidad y paz, sabiendo dónde estaba mi familia y que yo podía llegar hasta ellos. Fui corriendo por la arena caliente, me dejé caer bajo la sombrilla y decidí que no volvería a hacer eso. Desde luego, no les conté nada de mi aventura.

No fue mi intención apartarme del camino. No me había dado cuenta de que, tras jugar en el agua durante un rato sin prestar atención a todo lo que me rodeaba, la corriente había hecho que me desviara lentamente por la playa. La corriente era imperceptible para mí. Yo estaba tan ocupada jugando en el agua que ni siquiera me di cuenta de lo que estaba sucediendo. Estaba tan inmersa en lo que hacía que no había levantado la vista para comprobar dónde estaba mi familia o para mantenerme en línea con esa sombrilla roja.

Eso es lo que sucede algunas veces en la vida. Hay corrientes subterráneas en nuestra vida que intentan desviarnos del camino donde hemos de estar. Podrían ser enojo, malas actitudes, no perdonar a otros o distracciones, pero todas tienen el mismo resultado: nos alejan de donde Dios quiere que vayamos.

Ni siquiera puedo contar el número de veces que he oído a personas decir: "Me crié en la iglesia, así que no sé cómo terminé tan lejos de Dios. Me fui alejando lentamente de lo que conocía".

El otro día, una mujer me decía que su matrimonio era muy feliz en los primeros años, pero entonces ella y su esposo comenzaron a discutir. Dijo: "Ahora nos hemos alejado y nos peleamos todo el tiempo. No nos miramos a los ojos. Ya no es lo mismo". La distancia entre ella y su esposo fue un resultado de las corrientes subterráneas que los fueron alejando de lo que era verdaderamente importante.

Las corrientes subterráneas pueden desviarnos del camino y separarnos de las cosas importantes que Dios ha puesto en nuestra vida. Pueden ser tan sutiles, que ni siquiera nos damos cuenta de lo que sucede realmente. Esas corrientes subterráneas pueden apartarnos del llamado que Dios ha puesto en nuestra vida, de nuestros sueños, nuestras metas, incluso de nuestra familia. No queremos desviarnos de esas cosas importantes, pero si no prestamos atención, eso es exactamente lo que sucede. Dios quiere que notemos esas corrientes subterráneas y cómo nos están afectando, para que las tratemos. Quiere que nos mantengamos alineadas con Él.

Si durante toda aquella mañana yo hubiera hecho los ajustes necesarios para mantenerme alineada con la sombrilla roja, habría estado bien. Habría tenido a mi familia a la vista, y habría seguido ajustando mi posición para no desviarme.

Si hubiera levantado mi vista más veces ese día en la playa, no me habría desviado tanto de donde quería estar. Pero a veces cuando quedamos enredadas en los dolores y angustias de la vida, podemos olvidar levantar nuestra vista y mantenernos alineadas con Dios.

La lucha contra las corrientes subterráneas

Una de las mejores maneras de evitar desviarnos de los propósitos de Dios es hacernos preguntas, preguntas difíciles, sobre lo que

> *Tenemos que estar dispuestas a evaluar nuestra decisiones y hacer cambios en nuestra conducta si queremos seguir en el mejor camino.*

está sucediendo en nuestra vida. Si acabas de tener una pelea con tu cónyuge, quizá sea momento de que te preguntes: "¿Lo traté con respeto? ¿Dije algo que no debería haber dicho? ¿Estoy honrando a Dios con mis decisiones?". Las preguntas difíciles nos ayudan a realinearnos y reenfocarnos. Admitimos nuestros errores, pedimos perdón, y entonces regresamos otra vez al camino. Tenemos que estar dispuestas a evaluar nuestra decisiones y hacer cambios en nuestra conducta si queremos seguir en el mejor camino. Las corrientes subterráneas estarán siempre ahí, pero podemos resistirlas si somos conscientes de hacia qué dirección nos empujan.

En Jueces 13, un ángel declaró el nacimiento de Sansón, que se convertiría en un hombre de un gran destino. Dios le otorgó fuerza sobrenatural para liberar a su pueblo del enemigo, pero Sansón no se hizo responsable de lo que había recibido, y las corrientes subterráneas hicieron que se alejara mucho de lo que podría haber sido. Bajó la guardia, fijó sus ojos en las cosas equivocadas, comenzó a rebelarse contra lo que sabía que era correcto y, como resultado, fue debilitado en sus valores morales.

Solo pensemos en lo que podría haber sido Sansón si se hubiera alineado con su propósito, si hubiera buscado su sombrilla roja. Si hubiera examinado su corazón y preguntado a Dios: "¿Estoy en el camino correcto? ¿Estoy caminando humildemente delante de ti hoy? ¿Estoy usando mis dones y talentos para honrarte?".

Sansón podría haber manejado las corrientes subterráneas en su vida no poniéndose en situaciones comprometedoras, sino más bien alineándose con personas que tuvieran los mismos valores que él. La Biblia afirma: «Las malas compañías corrompen las buenas costumbres» (1 Corintios 15:33). Cuando estás con las personas equivocadas, te diriges en la dirección equivocada.

Estar con las personas equivocadas puede que no parezca gran cosa, pero si no cuidamos las pequeñas cosas, se volverán grandes cosas. ¿Alguna vez has dicho algo poco amable solamente para desahogarte? Quizá estabas molesta y lanzaste algunas palabras ásperas a tu familia. Quizá pienses que esas son las cosas pequeñas, pero pueden causar daño a tu familia y dividir relaciones.

¿Has aceptado una invitación de alguien para hacer algo que sabes que no honra a Dios? ¡El modo en que pasamos nuestro tiempo es importante! A veces pensamos que las tentaciones y distracciones son solamente cosas pequeñas, pero una mirada puede desviarnos. No seas como Sansón y te pierdas todo lo que Dios ha planeado para ti, porque que no te alineaste correctamente a lo largo del camino.

Las corrientes subterráneas pueden ser malas actitudes o pereza. Esas son el tipo de cosas que pueden hacer que perdamos buenos empleos. Son esas pequeñas cosas las que causan el alejamiento. Llegas tarde al trabajo y piensas: *Bueno, mi jefe no ha llegado. Nunca llega hasta las 8:30. ¿Por qué me pide que yo esté aquí a las 8:00?*

Después de una jornada de trabajo, ¿sales con amigas y te pierdes parte del mejor tiempo con tu familia? ¿Les das a ellos tus sobras en lugar de darles la mejor parte del día? ¿Estás gastando dinero que no tienes y metiéndote en dificultades económicas? Estas son las pequeñas cosas. La Biblia las llama "esas zorras pequeñas que arruinan nuestros viñedos" (Cantares 2:15).

Antes de que te des cuenta, te encuentras como estaba yo aquel día en el banco de arena, lejos de la orilla. No es una buena sensación. Sabes que has hecho algo equivocado. Te gustaría poder regresar a lo que comenzaste. Sales corriendo, intentando llegar al lugar al que perteneces. Clamas, pensando que nadie te escucha.

Sin embargo, Dios puede escucharte, y Él siempre nos ayuda cuando clamamos a Él. Pero ¿no es mucho mejor vivir nuestras vidas consultando con Él continuamente, de modo que no tengamos ese momento de pánico cuando nos damos cuenta de cuán lejos nos hemos ido?

Vivimos en un mundo que está lleno de corrientes subterráneas, y tenemos que mantenernos alerta. Quizá te has alejado. Puedes identificar algunas áreas en las que necesitas mejorar. Nunca es demasiado tarde para volver a alinearte con Dios. Aún puedes llegar a ser todo aquello para lo que Él te creó.

> *Nunca es demasiado tarde para volver a alinearte con Dios. Aún puedes llegar a ser todo aquello para lo que Él te creó.*

Cuando sientas que las corrientes subterráneas te están alejando del punto establecido, haz los ajustes necesarios. Resiste las tentaciones y evita las distracciones. Dios quiere ayudarte a vencerlas. Si Sansón hubiera hecho eso, habría evitado mucho dolor y no habría terminado en las manos de sus enemigos, ciego y encadenado. Si hubiera pedido perdón y admitido sus errores, diciendo: "Bien, he terminado con eso. Dios, ayúdame a ser fuerte", podría haberse alineado con la victoria que Dios había planeado para él.

Tú puedes comenzar hoy mismo. Es un nuevo principio cada día. Las misericordias de Dios son nuevas cada día. Si caes, no tienes que quedarte abajo. Puedes volver a levantarte debido a la misericordia y la gracia del Dios todopoderoso. No permitas que un error te engañe. No seas como la persona que se come un bol de helado y después piensa: *Bueno, ya me he comido una gran parte, de modo que terminemos el helado.* No, siempre podemos volver a alinearnos. Podemos dejar a un lado esas tentaciones. Dios te ha dado poder, pero tienes que fijar tu marca e ir por ella.

El apóstol Pablo dice: "Concentren su atención en las cosas de arriba, no en las de la tierra" (Colosenses 3:2). Eso significa fijar tu mente en esas cosas más elevadas, las cosas valiosas e importantes en la vida, las cosas que van a acercarte más a tu destino, que hacen que tengas buenas familias, relaciones fuertes, y un empleo estupendo. A veces vamos por la vida sin ni siquiera pensar en lo que estamos haciendo. No podemos vivir en modo de piloto automático. Dios quiere que seamos intencionales. Tenemos que estar en guardia de lo que estamos haciendo y lo que estamos diciendo.

La mayoría de nuestros días están establecidos por hábitos, y quizá tengamos que cambiar algunos de esos hábitos. Los hábitos son solamente eso: conductas que se han convertido en rutina. Siempre deberíamos retar esos hábitos. No tenemos que quedarnos derribadas y desalentadas por los malos hábitos que hemos desarrollado. Nuestra actitud debería ser: "Puedo cambiar esto. No tengo que seguir a la multitud. No tengo que desperdiciar mi tiempo. No tengo que murmurar. No tengo por qué ser desagradable con los demás. Puedo controlarme a mí misma". Puedes decir no a las corrientes subterráneas que te han alejado de tu meta. Empuja contra ellas. Vuelve al camino correcto.

Hebreos dice que debemos dejar a un lado los lastres y los pecados que fácilmente pueden enredarnos (ver 12:1). Sin importar cuántos errores hayas cometido o dónde te encuentres en este momento, nunca es demasiado tarde para volver a alinearte con Dios. Él tiene un propósito y un destino para ti; está obrando en ti; está creando algo nuevo. Tú estás creciendo. Él dice que vas de gloria en gloria. Ahora haz tu parte, mantenlo a la vista, y sigue esforzándote hacia la vida excepcional que Dios tiene para ti.

> *Sin importar cuántos errores hayas cometido o dónde te encuentres en este momento, nunca es demasiado tarde para volver a alinearte con Dios.*

Dios está haciendo algo nuevo

Todas experimentamos momentos en nuestras vidas que pueden ser consumidores. A veces puede ser una situación difícil, como un diagnóstico devastador o la traición de un familiar. Puede ser difícil durante esos momentos recordar el asegurarte de estar alineada con Dios. ¡Tienes muchas otras cosas en las que pensar! Pero es exactamente en esos momentos cuando más necesitamos mirar a Dios.

Hace muchos años, me enfrenté a una situación que me dejó indefensa, derrotada e incapaz de ver la luz. Era difícil encontrar esperanza y alegría en cada día. Me estaba alejando, permitiendo que la corriente subterránea me apartara de quien Dios me había llamado a ser. Un día sentí como si Dios estuviera hablando a mi corazón, diciéndome: "No puedes seguir así. Es momento de que te levantes y brilles. Levanta tu vista y mira más allá de este problema a las nuevas oportunidades que yo tengo en tu futuro".

Uno de los nombres de Dios en el Antiguo Testamento es Jehová Nisi. Significa "el Señor nuestra bandera". Una traducción dice: "El Señor nuestra bandera de victoria y conquista". Una bandera se utilizaba para recordar y conmemorar; te identifica como parte de cierto grupo. Dondequiera que vayamos, Dios ha puesto una bandera de victoria sobre nuestras cabezas. Significa esta verdad: "Soy una hija del Dios Altísimo. Estoy destinada a vivir en victoria. Todo lo puedo por medio de Cristo. Cuando el enemigo salga contra mí, levantaré mi bandera de victoria".

Yo no había entendido que estaba permitiendo que mis sentimientos de derrota me detuvieran, bloquearan mis bendiciones y robaran mi propósito. Tuve que decir: "No, no me vestiré con un manto de derrota. Levantaré mi bandera de victoria". No fue fácil, y no me sentía victoriosa cada mañana, pero continué ondeando mi bandera de victoria. Me mantuve alineada con Dios y con su verdad. Luché contra las corrientes subterráneas que querían desviarme. Me despertaba cada mañana y proclamaba: "Este problema no puede evitar que viva en el gozo de Dios. Sirvo a un Dios grande, y Él tiene cosas asombrosas en mi futuro".

Sabiendo que Dios había puesto sobre mí esa bandera de victoria, yo iba a seguir avanzando en la dirección correcta para que Dios pudiera continuar obrando en mi vida. Esto es lo que Dios declaró por medio del profeta Isaías: "Olviden las cosas de

antaño; ya no vivan en el pasado. ¡Voy a hacer algo nuevo! Ya está
sucediendo, ¿no se dan cuenta? Estoy abriendo un camino en el
desierto, y ríos en lugares desolados" (Isaías 43:18-19).

A veces podemos enfocarnos en el desierto y olvidar que Dios
está forjando corrientes nuevas. Comenzamos a pensar que Dios
solamente puede obrar cuando salgamos del desierto. Pero no,
Dios puede obrar incluso ahí. **No tenemos que esperar a que se
resuelvan nuestras situaciones difíciles para que después Dios
haga algo nuevo. Él siempre está obrando en nuestras vidas.**
Cuando aprendemos a apartar la vista de nuestros problemas
y de los retos que enfrentamos, y fijamos nuestros ojos en Dios
y en que Él está abriendo un camino, podemos avanzar en fe y
comenzar a vivir la vida excepcional que Dios ha planeado para
nosotras.

Fue durante aquellos años, cuando la situación no se resolvió,
cuando Dios me mostró cosas asombrosas, y descubrí dones y
talentos que yo no sabía que poseía. Finalmente, Dios me rei-
vindicó y resolvió la situación que había causado tanto estrés.
Cuando terminó todo, yo era más fuerte que antes y estaba más
arraigada en las promesas de Dios. Él no estaba esperando a que
la situación se resolviera para hacer cosas nuevas; estaba obrando
incluso en medio de mis dificultades. Si yo me hubiera quedado
en la derrota, me habría perdido las oportunidades que Dios tenía
preparadas para mí durante ese periodo.

Dios no quiere que dejemos de vivir cuando las cosas se ponen
difíciles, sino que sigamos mirando hacia donde Él nos esté dirigiendo. Hace varios años tuve una reunión con una mujer de
nuestra congregación cuyo esposo le había abandonado recientemente. Fue una traición que ella no había visto venir, y estaba
devastada. Mientras hablábamos y llorábamos, y orábamos por

esa situación, después de varios meses comencé a darme cuenta de algo. Ella estaba tan enfocada en la posibilidad de reconciliación entre ella y su esposo que no podía hacer nada hasta que eso sucediera. Su vida estaba detenida por completo, en un

> *Dios no quiere que dejemos de vivir cuando las cosas se ponen difíciles, sino que sigamos mirando hacia donde Él nos esté dirigiendo.*

patrón de retención, mientras esperaba a que su esposo regresara. Ahora bien, obviamente yo sabía que eso era lo que mi amiga quería, pero me causaba dolor verla estancada mientras esperaba a que su oración fuera respondida. Era como si no pudiera hacer nada nuevo en su vida hasta que él regresara con ella. Finalmente, le dije: "Escucha, no puedes dejar de vivir. Cree y sigue orando, pero no esperes hasta que esta oración sea contestada para hacer planes para tu vida. Eres demasiado valiosa. Tienes dones y talentos que Dios quiere que uses. No te quedes atascada. Levanta tu bandera de victoria. Busca lo que Dios está haciendo, y sigue viviendo".

Recientemente leí un artículo sobre la fatiga visual, que parece que se está convirtiendo cada vez más en un problema debido a todo el tiempo que pasamos mirando las pantallas de nuestras computadoras, tabletas y teléfonos inteligentes. La fatiga visual se produce cuando nos enfocamos en la pantalla por tanto tiempo que tenemos sequedad de ojos, dolor de cabeza o visión borrosa. El artículo decía que la solución a este problema es sencilla. Para aliviar la fatiga visual deberías levantarte, mirar por la ventana y dirigir tus ojos a la distancia, asimilando toda la vida que te rodea; las nubes, los árboles, el cielo. El artículo dice que eso relaja los lentes de tus ojos. Hay estudios que muestran que cuando levantas la mirada y miras lejos, es como si pulsaras un botón de actualización para tus ojos.

¿Cuánto mejor sería si incorporamos ese mismo principio a nuestra propia vida? ¿Cuánto mejor sería para nuestras emociones y nuestra perspectiva si levantáramos la mirada y la alejáramos de nuestros problemas para ver la bondad de Dios? Mi amiga no podía asimilar todo lo que Dios tenía aún en su vida porque su visión estaba borrosa. Estaba perdiendo su identidad, su valor, su propósito; no podía ver una salida a su problema.

Tenemos que practicar el alejarnos de la situación que nos preocupa y lanzar nuestra mirada a la distancia para poder ampliar

> *Mira más allá del lugar donde estás en este momento y observa lo nuevo que Dios está haciendo.*

nuestros lentes y ver lo que Dios ha planeado. Dios tiene más cosas preparadas para ti donde estás ahora, en cualquier situación que estés atravesando. Él está haciendo algo nuevo, pero ¿puedes percibirlo? Mira más allá del lugar donde estás en este momento y observa lo nuevo que Dios está haciendo. Está surgiendo incluso ahora mismo.

Cada mañana cuando te levantes, pon sobre tu cabeza esa bandera de victoria. Recuérdate a ti misma quién eres. Alinéate con Dios. No tienes que permanecer despierta y dando vueltas durante toda la noche. Dios tiene el control; Él pelea tus batallas y Él siempre hace que triunfes. Él no te ha traído hasta aquí para abandonarte. Mantén sobre tu cabeza esa bandera de victoria, no una bandera de derrota, una bandera del fracaso, o una bandera de que nunca puede suceder. Tú no eres eso. Recuerda tu verdadera bandera, que es una bandera de victoria y conquista.

Cuando la levantas alto, te mantiene alineada con Dios y en una búsqueda constante de su verdad.

El poder de mirar y ver

Hace unos años atrás, mi hijo se estaba preparando para irse a estudiar su primer año de universidad. Planeaba compartir cuarto con un buen amigo, y su mamá y yo habíamos trabajado juntas para asegurarnos de llenar nuestro camión de mudanza de todas las cosas que nuestros muchachos podrían necesitar en su nuevo cuarto en la residencia de estudiantes.

Incluso en mi diligencia por asegurarme de que mi hijo estuviera preparado para abandonar el nido, sabía que también tendría cierta ansiedad por soltarlo al mundo. Me desperté muy temprano la mañana en que íbamos a llevarlos a la universidad, y me sentía aprensiva. Quería pasar tiempo extra en oración para fortalecerme para ese día. Escribí en mi diario las palabras que sentía que el Señor ponía en mi corazón:

> Es solamente el principio. **Solo observa y ve**. He aquí que estoy haciendo cosas nuevas. Los puntos fundamentales de la fe...confiar en una promesa que se ha declarado, ¡¡¡pero no se ha visto AÚN!!! ¡Dios es bueno y yo permanezco en FE!

Le envié a mi amiga un mensaje de texto con esas palabras para alentarla porque sabía que ella se sentía igual que yo. Me respondió de inmediato con las palabras de su devocionario en la mañana:

Confíame a tus seres queridos; libéralos en mi cuidado protector. Están mucho más seguros conmigo que en tus manos aferradoras... Mi presencia irá con ellos dondequiera que vayan, y les daré descanso. Esta misma Presencia permanece contigo cuando te relajas y pones tu confianza en mí. **Observa y verás** lo que yo haré.

Nos maravillamos del mensaje que Dios nos estaba enviando a ambas: que Él tenía el control y que había confirmado en nuestros corazones que Él es fiel. "¡Observa y ve!" se convirtió en nuestra sombrilla roja y en la bandera de victoria sobre nuestras cabezas aquellos cuatro años que nuestros muchachos estuvieron fuera en la universidad. Esa frase se convirtió en nuestra declaración de fe que nos mantuvo alentadas y optimistas, y que trajo gozo a nuestros corazones. Orábamos estas palabras: *"Dios, tú dijiste: ¡Observa y ve!"*. Por tanto, podíamos soltar nuestra ansiedad porque recordábamos la promesa de Dios.

La Biblia dice que debemos esperar en el Señor; no dice que debemos esperar a que todas nuestras oraciones sean respondidas o a que cambien las situaciones antes de poder estar contentas y seguir viviendo. Debemos esperar en el Señor con expectativa, con gozo y pasión en este momento. Nuestra actitud debería ser: *Dios, puede que esté en un periodo difícil, pero eso no evita que tú estés obrando en mi vida. Mientras tanto, voy a ondear mi bandera de victoria; voy a pasar este día en fe, con agradecimiento, siendo una bendición dondequiera que vaya.*

La Escritura dice: "La senda de los justos se asemeja a los primeros albores de la aurora: su esplendor va en aumento hasta que el día alcanza su plenitud" (Proverbios 4:18). No dice que algunos días han de ser brillantes y otros oscuros. Dice que incluso en un periodo oscuro y difícil hemos de tener gozo y pasión por la vida. Es bueno preguntarnos: "¿Estoy brillando con fuerza; o tengo una enorme nube negra sobre mi cabeza? ¿Estoy demasiado enfocada en un problema que intenta bloquear mi luz y robarme el gozo?".

Jesús oró que pudiéramos tener la "medida plena" de su gozo en nuestro interior. Debemos echar mano de esos recursos, levantar nuestros ojos a Dios y dejar que su rostro brille sobre nosotras. Dios nos ha dado su gozo para que podamos vivir cada día en su fortaleza con Él como nuestra bandera de victoria. Sí, habrá luchas. Sí, habrá situaciones que estén fuera de nuestro control, pero podemos mantenernos alineadas con Dios incluso en esas situaciones, y saber que Él está obrando.

Si estás batallando para encontrar gozo en este día, considera en lo que estás enfocada. Dios te está preguntando: "¿Reconoces eso nuevo que estoy haciendo en tu vida?".

Dios no dijo: "Voy a hacer algo nuevo cuando tengas resueltos todos los problemas y el caos en tu vida". Él está diciendo: "No esperes a tener fe cuando la situación se resuelva por sí sola, porque estoy haciendo cosas nuevas en este momento. ¡Búscalas!".

Nos corresponde a nosotras percibir esa cosa nueva. Dios nos pide que "veamos". Algunas traducciones de la Biblia dicen "mira", "observa", "contempla". Él nos llama a cultivar nuestro sentido de anticipación. Observa y ve lo que el Señor hará.

Creo que Dios tiene una palabra para ti hoy. Necesitas seguir viviendo. No te enfoques en cierta área de tu vida que necesita cambiar o en algo que no está sucediendo. No esperes a que

> *No esperes a que Dios responda todas tus oraciones antes de poder avanzar.*

Dios responda todas tus oraciones antes de poder avanzar. Dios tiene nuevas cosas que están surgiendo incluso en este momento.

Él no dijo que nunca pasarías por el desierto o por la tierra estéril. No dijo que nunca te preguntarías: "*¿Por qué me sucedió esto?*". Pero Dios dijo: "No vas a quedarte donde estás. Yo puedo abrir un camino en el desierto". Él puede renovarte durante los periodos en que te sientes cansada, y puede hacer lo imposible mientras que levantes la vista para verlo y te mantengas alineada con Él. No te quedes tan enfocada en el estrés de la vida que eso nuble tu visión. Mira hacia arriba desde donde estás y asimila toda la vida que Dios te ha dado. Hay más cosas preparadas más allá de donde estás en este momento.

PENSAMIENTOS EXCEPCIONALES

✦ No permitiré que las corrientes subterráneas de la vida me alejen del llamado que Dios ha puesto en mi vida, ni de mis sueños ni de mis metas, ni de mi familia. Para estar alineada con Dios, encontraré formas de comunicarme con Él diariamente y no me desviaré de esas cosas importantes.

✦ Evaluaré mis elecciones y, cuando sea necesario, realizaré cambios en mi comportamiento para mantenerme en el mejor camino. No me pondré en situaciones comprometedoras que no honren a Dios, ni me alinearé con personas que no tienen los mismos valores que yo tengo.

✦ Me mantendré en guardia, resistiré las tentaciones y evitaré las distracciones. Si me caigo, me levantaré por la misericordia y la gracia de Dios Todopoderoso.

✦ Seré intencional y pondré mi mente en "las cosas de arriba": las cosas valiosas e importantes que me acercarán a mi destino, que me harán tener una buena familia, relaciones sólidas y un buen trabajo.

✦ Puede que esté en un momento difícil, pero Dios está haciendo algo nuevo, incluso hoy está emergiendo. Aprenderé a percibir las formas en las que Él está obrando en mí y edificándome, todos los días.

✦ Cultivaré un sentimiento de expectativa jubilosa, tratando de mirar siempre y ver cómo Dios tiene cuidado de las situaciones que me causan estrés. Liberaré mi necesidad de controlar la situación y vigilar que se desarrollen sus propósitos en mi vida.

Mantén llena tu caja de recuerdos

———————

CAPÍTULO 5

El poder de recordar

Hace algunos años atrás, Joel y yo tuvimos la oportunidad de viajar a Marruecos, donde dos de nuestros buenos amigos estaban grabando una serie de televisión sobre la Biblia. Pasamos un tiempo muy hermoso viendo a nuestros amigos seguir la dirección de Dios y creando algo que llevaría su mensaje al mundo, y disfrutamos de poder ver una parte de la creación de Dios que nunca antes habíamos experimentado. Resultó que ese viaje caía en mi cumpleaños, de modo que, una noche, nos escabullimos y fuimos a un bonito restaurante en la ciudad.

Después de haber disfrutado de una comida deliciosa, mi amiga sacó un regalo de su bolsa y me lo entregó. Yo sabía que ella había estado muy ocupada, y no podía imaginar cuándo habría encontrado el tiempo para comprarme un regalo. Lo desenvolví con cuidado para encontrarme una bonita caja plateada hecha a mano por los artesanos locales en Marruecos. Mis dedos recorrieron los elaborados bordes de la tapa mientras resplandecía bajo la luz de las velas. Miré a mi amiga. "Gracias", le dije, muy agradecida por ese precioso regalo.

Ella agarró mi mano y dijo: "Victoria, quiero hacer algo que ha sido por mucho tiempo una tradición en mi familia". Hizo una pausa y sonrió. "Es un poco cursi, pero quiero que vayamos por turno en la mesa y cada persona meta en la caja un pensamiento, una oración, o una historia de lo mucho que significas para ellos".

Así que, agarró la caja de mis manos y comenzó a compartir cuán especial había sido nuestra amistad para ella y lo mucho que me amaba. Entonces agarró su mano y actuó como si estuviera sacando del aire sus palabras mientras las "metía" en la caja. Cerró la tapa y le pasó la caja a su esposo.

A medida que la caja fue recorriendo la mesa, y cada persona compartía algo especial sobre mí y ponía sus pensamientos en la caja, sentí que mi corazón se llenaba de emoción. Fui muy tocada por cada recuerdo que ellos compartieron, y por cada aliento que me ofrecieron. Cuando la caja llegó a Joel y a mis hijos, corrían lágrimas por mis mejillas. Me sentí muy querida, muy bendecida y muy celebrada. Cuando la caja volvió a mí, la sostuve en mis manos y la puse cerca de mi corazón. Miré a mi amiga y dije: "Este es el regalo más precioso que he recibido jamás, y la celebración de cumpleaños más maravillosa que podría haber pedido. Muchas gracias".

Cuando nos despedimos y nos dirigimos a casa en la noche, el aroma de gratitud seguía siendo tangible a mi alrededor. Ahora bien, cualquier cosa que mi amiga me hubiera regalado habría significado algo para mí. Podría haberme regalado alguna joya bonita y yo me la habría puesto con agradecimiento. Sin embargo, el regalo del aliento no tiene precio, tiene la capacidad de edificarte y fortalecer tu alma.

Las palabras tienen poder. Cuando escuchamos palabras de aliento, nos sentimos fortalecidas. La palabra *aliento* viene de la antigua palabra francesa *encouragier*, que significa "hacer fuerte". El aliento literalmente nos fortalece y nos recuerda quiénes somos verdaderamente. Nos sentimos apreciadas y celebradas, y esos sentimientos nos permiten aceptar nuestra verdadera identidad como hijas del Dios Altísimo.

Cuando regresamos a casa, puse esa caja llena de recuerdos y pensamientos alentadores en un lugar visible sobre mi escritorio. Un día, unas semanas después de nuestro viaje, me sentía desalentada y teniendo los pensamientos equivocados, como nos pasa a todas a veces. Cuando entré en mi oficina, allí estaba esa bonita caja. Me acerqué a ella, la agarré, la abrí y cerré los ojos. Comencé a permitir que aquellas palabras pronunciadas esa noche llenaran mi corazón. Reviví esa noche e imaginé a mi familia y a mis amigos sonriéndome. Sentí la cálida brisa de la noche marroquí, olí el aroma delicioso de la comida. Pero, sobre todo, recordé aquellas palabras tan amables, sinceras y alentadoras, y eso cambió la atmósfera en mi mente y me dio una nueva perspectiva. Mientras que antes me sentía abatida y desalentada, ahora me sentía fortalecida, alentada y esperanzada.

He regresado a esa caja una y otra vez, siempre que he necesitado alimentar mi fe y mi confianza y apartar pensamientos negativos que estaban jugueteando en mi mente. Esos recuerdos llenan mi corazón de paz, gozo y valentía. La Escritura nos dice que fijemos nuestros pensamientos en lo que es verdadero, correcto, honorable, puro y admirable; cosas de buen nombre. Los pensamientos correctos son empoderadores. Harán que te eleves por encima del desaliento y las mentalidades limitadas que intentan retenerte.

> *Los pensamientos correctos son empoderadores. Harán que te eleves por encima del desaliento y las mentalidades limitadas que intentan retenerte.*

Te aliento a comenzar una caja de recuerdos. Puede que no sea una caja de recuerdos física como la que yo tengo, pero necesitas un lugar en tu corazón que llenes de cosas buenas, de recuerdos especiales. Podría ser una nota que te dieron tus hijos o una palabra amable que te dijo tu compañero de trabajo. Quizá esos momentos en los que tu esposo te dijo que eras hermosa y te miró con amor. Tal vez sea un momento en el que lograste algo que sentías que era imposible, momentos de victoria y celebración. Están por todas partes, si los buscas. Jesús dijo que el hombre bueno saca cosas buenas del buen tesoro que hay en su corazón (ver Mateo 12:35). Necesitas tener cosas buenas almacenadas en tu caja de recuerdos de tu corazón para así poder regresar y sacar fuerza de ese buen tesoro.

Solía resultarme difícil recibir elogios. Cuando alguien me elogiaba o decía algo bonito sobre el mensaje que acababa de dar, en mi mente lo descartaba de inmediato y pensaba que solamente intentaban ser amables. Estoy segura de que ellos intentaban ser amables y lo decían de veras, pero era difícil para mí poner en mi corazón su afirmación como palabras de aliento. Un día me di cuenta de lo que estaba sucediendo, así que tomé la decisión de recibir el elogio como si viniera de parte de Dios. Ahora, cuando alguien me hace algún elogio, no solo lo recibo, sino que también me digo a mí misma: "Gracias, Dios. Voy a añadir eso a mi caja de recuerdos".

Cada día tienes la opción tanto de guardar lo bueno como almacenar lo malo. Sé consciente de lo que se está arraigando en tu corazón. La Escritura dice: "Con toda diligencia guarda tu corazón, porque de él brotan los manantiales de la vida" (Proverbios 4:23, LBLA). No queremos acumular nada que pueda contaminar el flujo del bien en nuestras vidas para aquellos momentos en que lo necesitemos. Cuando estés enfrentando un día en el que te sientes desalentada, abatida o sobrecogida, toma tiempo para sacar esa caja llena de buenos recuerdos, y al hacerlo, esto fortalecerá tu vida y pondrá una sonrisa en tu rostro.

Recuerda las victorias

La investigación ha demostrado que nuestras mentes gravitan naturalmente hacia lo negativo. Todos sabemos lo fácil que puede ser descalificarnos a nosotros mismos por cualquier pequeño error que cometamos. Leí sobre un estudio que reveló que los recuerdos positivos y negativos son manejados por diferentes partes del cerebro. Una memoria negativa, en realidad, ocupa más espacio en el cerebro, porque hay más información para procesar. Si no recordamos los buenos recuerdos con suficiente frecuencia, los negativos tendrán un mayor impacto en nuestra vida. Un ejemplo sencillo que se citó en este artículo es que nosotros recordaremos haber perdido un billete de 50 dólares más de lo que recordaremos haberlo ganado. El efecto negativo puede tener una manera de anular lo positivo. Debemos comprometernos a mantener nuestra caja de recuerdos tan llena de un buen tesoro que no haya lugar para lo negativo.

Un día estaba viendo los comentarios que se habían hecho en una de mis publicaciones en las redes sociales, y había muchas personas que estaban dando comentarios positivos. Pero luego me encontré con un comentario negativo. Era como si todos los buenos comentarios desaparecieran y esa única voz negativa se convirtiera en la única que podía escuchar. A medida que mi día avanzaba, me di cuenta de que un comentario estaba ocupando demasiado espacio en mi vida y me estaban arrastrando en una dirección negativa. Me estaba distrayendo y ahuyentaba mi alegría. Así que decidí volver a todos los comentarios positivos y releerlos para poder almacenar esas palabras positivas en la caja de mis memorias. Ahora tenía algo que recordar que llenaría mi mente con animosidad en lugar de desaliento. ¿No es cierto que un comentario negativo puede eliminar todos los buenos comentarios si no tenemos cuidado?

> *Debemos ser proactivos y compensar los aspectos negativos que todos enfrentaremos en la vida. Es una disciplina que debemos practicar si queremos recordar lo bueno.*

Debemos ser proactivos y compensar los aspectos negativos que todos enfrentaremos en la vida. Es una disciplina que debemos practicar si queremos recordar lo bueno.

En el Antiguo Testamento, Dios ordenó a su pueblo que disfrutara de ciertas fiestas y tiempos especiales de celebraciones nacionales. Su propósito era que recordaran lo que Él había hecho. Dios les dio instrucciones detalladas sobre que debían detener lo que estaban haciendo varias veces al año, tomar tiempo libre, y celebrar que Él siempre había estado de su lado. No debían olvidar nunca que Él los sacó de la cautividad y derrotó a sus enemigos. También les dijo que erigieran piedras memoriales. Eran piedras grandes, similares a los marcadores históricos actuales, que eran ubicadas en medio de su comunidad para recordarles milagros y victorias específicos, como cuando cruzaron el río Jordán sobre tierra seca y entraron en la Tierra Prometida. Esas piedras memoriales refrescaban constantemente su memoria sobre cómo Dios proveyó para sus necesidades, y exhibían su fidelidad a futuras generaciones.

Dios no les dijo que conmemoraran sus fracasos, los momentos en los que dudaron de Él o no confiaron en su provisión. Dios quería que se enfocaran en sus victorias y en cómo Él los había liberado. El salmista decía que él recordaba los muchos milagros que Dios había hecho; que estaban constantemente en sus pensamientos, y no podía dejar de pensar en ellos (ver Salmos 77:11-12). Por lo tanto, ¿qué estás conmemorando tú? ¿Qué está constantemente en tus pensamientos? Cuando recuerdes sobre tu vida, no deberías acordarte de los momentos en que fallaste, cuando experimentaste un divorcio, cuando un negocio fue mal, cuando el jefe te trató mal. Esos son recuerdos que has de olvidar.

Debes cambiarlo y recordar cuando estabas sola y Dios trajo a alguien estupendo a tu vida, o recordar cuando el reporte médico decía que no había esperanza, pero Dios te sanó de modo sobrenatural. Quizá fue un momento triste en tu vida, cuando no creías que verías otro día de felicidad, y aún así Dios te dio una razón para sonreír. Él te dio gozo en lugar de lamento, y un manto de alabanza a cambio de tu espíritu angustiado. Recordar las cosas correctas fortalecerán tu fe y te ayudarán a vencer tus dificultades.

Cuando David vio por primera vez al gigante Goliat, podría haber hecho lo mismo que hizo cada soldado en el ejército israelita: sentirse abrumado por el tamaño de Goliat, sus acusaciones amenazantes, su experiencia en batalla y el filo de su lanza. David podría haberse acordado cómo su padre lo dejó en los campos cuando Samuel llegó buscando al rey. Él pudo haber dejado que esas memorias dominaran su corazón y vencieran su valor. Pero David no permitió que esas experiencias invadieran su espacio. No hizo el hábito de enfocarse en lo negativo; por el contrario, la Escritura dice que David recordó cómo había matado al león y al oso con sus propias manos (ver 1 Samuel 17:37). Lo que le dio fuerzas fue recordar sus victorias pasadas y cómo Dios le ayudó a vencer. Después de un león y un oso, ¿por qué no también Goliat?

Si quieres mantenerte alentada y derribar lo que puede que parezca un desafío gigantesco, tienes que recordar ese león y ese oso que mataste en el pasado, esas victorias cuando Dios te ayudó a vencer lo que no podías enfrentar tú sola. Esas son tus piedras memoriales. Esas son tus victorias. Escríbelas y léelas en voz alta. Cuéntaselas a tu familia y a tus hijos. Cuando lo hagas, tu fe será fortalecida y ningún gigante parecerá demasiado grande para conquistarlo.

Recuerda los milagros

Cuando yo estaba en segundo grado, me puse muy enferma. Mis padres no sabían lo que pasaba. Me llevaron al hospital, donde me admitieron para dejarme en observación. Durante seis semanas los médicos no podían encontrar la razón por la que yo estaba enferma. Me habían puesto tantas vías que me dolían los brazos y estaban rígidos. Finalmente, me diagnosticaron una forma de meningitis. Fue un periodo aterrador, pero tener un diagnóstico significaba que sabían cómo tratarme. Tras varios meses, pude regresar a la escuela. Mis compañeros de clase prepararon una gran fiesta de bienvenida para mí. Yo había estado preocupada porque al estar tanto tiempo fuera de la escuela tuvieran que mantenerme retrasada, pero mis maestros trabajaron conmigo para compensar mi trabajo y pude pasar al siguiente nivel con el resto de mi clase. Esa victoria está en mi caja de recuerdos. Entiendo que fue la bondad de Dios lo que me salvó la vida. No doy por sentadas la sanidad y la restauración que Él me mostró. Cuando pienso en ese periodo, el hecho de que Dios me sanó me recuerda que tengo propósito y destino. Me recuerda que Él ha cuidado de mí, y seguirá cuidando de mí y de mi familia.

Cada una de nosotras ha visto la bondad y el favor de Dios. Él ha abierto caminos donde no parecía posible. Él nos ha dado ascensos, trajo a nuestras vidas a las personas correctas, y nos guardó de accidentes y daños. Aquello estuvo en primer lugar en nuestra mente en ese momento, sabiendo que fue la mano de Dios, pero de alguna manera a medida que pasa el tiempo, el recuerdo se va desvaneciendo. **No podemos permitir que lo que antes fue milagroso se convierta en algo común.** No pierdas el asombro por lo que Dios ha hecho. Recuerda el día en que nació tu hijo, recuerda cuando conociste a esa persona y te enamoraste, recuerda cuando te graduaste de la universidad, cuando Dios te bendijo con ese empleo, o cuando fuiste protegida de un accidente de tráfico. Levanta piedras memoriales. Mantén llena tu caja de recuerdos de todo lo que sea valioso en tu vida y regresa a ella con frecuencia. Forma el hábito de pensar en lo bueno y recordar todo lo que Dios ha hecho por ti.

Nunca me cansaba de escuchar al papá de Joel contar la historia de cómo entregó su vida a Cristo, una historia que escuché cientos de veces. Él tenía diecisiete años de edad cuando sucedió, pero más de medio siglo después, ¡lo seguía contando como si lo acabara de experimentar! Nunca perdió la maravilla de aquello. Cuando piensas y hablas constantemente de la bondad de Dios como él hacía, reviviendo sus milagros y contando lo que Él ha hecho, estás abriendo la puerta para que Dios haga algo incluso más asombroso.

Dios quiere que recordemos lo bueno. Cuando recordamos lo bueno, eso nos ayuda a atravesar los momentos difíciles.

Un día, los discípulos acababan de ser testigos de uno de los mayores milagros registrados en la Escritura. Jesús tomó cinco panes y dos peces y los utilizó para dar de comer a una multitud de más de cinco mil. Más adelante ese día, Jesús dijo a los discípulos que se subieran en la barca y fueran delante de Él a Betsaida mientras Él despedía a la gente. Bien avanzada aquella noche se levantó una gran tormenta mientras ellos seguían en medio del lago. El viento soplaba con fuerza contra ellos, y las olas amenazaban con volcar la barca. Los discípulos batallaban con remar, preocupados por su seguridad, cuando Jesús llegó hacia ellos caminando sobre el agua, aterrándolos a todos. Cuando Él subió en la barca, el viento se detuvo y las olas se calmaron inmediatamente.

La Escritura nos da perspectiva sobre el porqué estaban tan preocupados. La Biblia dice: "Porque aún no habían entendido lo de los panes" (Marcos 6:52, RVR1960). Otra versión bíblica dice: "porque todavía no entendían el significado del milagro de los panes" (NTV). Aquí, solo unas horas antes, habían visto a Jesús alimentar milagrosamente a una multitud de miles de personas. Cuando soplaban los vientos y las olas eran grandes, si hubieran pensado y recordado el milagro en el que habían participado ese mismo día, y que Jesús había prometido que se encontraría con ellos al otro lado del lago, podrían haberse mantenido en paz. Habrían entendido que Él tenía el control y que todo iría bien.

Sin embargo, permitieron que sus circunstancias les hicieran olvidar los milagros que Dios había hecho.

Es fácil permitir que tus circunstancias tormentosas (el hijo que se ha apartado del camino, el posible despido en el trabajo, el padre o madre que no está bien) te causen ansiedad y estrés. En lugar de seguir esforzándote en remar y luchar contra las olas, ¿por qué no haces una pausa y recuerdas lo que Dios ha hecho por ti en el pasado? Jesús dijo que deberías comprender el milagro

> *El modo en que cobras fuerzas para vencer obstáculos y alcanzar nuevos niveles es recordando la fidelidad de Dios.*

de los panes, las veces en que Dios abrió un camino cuando tú no veías camino, las veces en que Él te dio esa victoria repentina y supiste que Él se subió a tu barca. El modo en que cobras fuerzas para vencer obstáculos y alcanzar nuevos niveles es recordando la fidelidad de Dios. Eso es lo que edifica nuestra fe y nos da confianza para avanzar.

Recuerda el sueño

Cuando José era un adolescente, Dios puso un sueño en su corazón de que algún día gobernaría una nación. En lugar de guardárselo para sí, José les habló a sus hermanos mayores sobre ello, donde veía sus gavillas alrededor de la suya propia y se inclinaban ante ella. Ahora bien, sus hermanos ya estaban celosos de él porque era el favorito de su padre, y esta última afirmación los enojó aún más. Hicieron planes para matarlo, lanzándolo a un pozo con la intención de dejarlo allí para que muriera. Pero entonces, vieron una caravana de mercaderes ismaelitas que iban de camino a Egipto, y los hermanos decidieron vender a José como esclavo. Finalmente fue comprado por Potifar, uno de los oficiales del faraón.

Cuando llegaron a Egipto, Potifar puso a José a cargo de toda su casa, y días después todo comenzó a prosperar. Potifar se maravilló de ello hasta que su esposa acusó falsamente a José de un delito. Metieron a José en la cárcel, donde permaneció encerrado durante años. Pero incluso en la cárcel, el carcelero vio que Dios estaba con José, de modo que confió en él y le puso a cargo de todos los demás prisioneros. José también se hizo conocido por ser capaz de interpretar sueños. Una noche, el faraón tuvo un sueño profundo pero no sabía lo que significaba. Uno de sus hombres le habló de José, de modo que el faraón sacó de la cárcel a José para ver si podía interpretar el sueño. El faraón quedó tan impresionado, que lo puso a cargo de los asuntos de toda la nación.

Años después, una gran hambruna golpeó la tierra. Las personas que vivían dentro y fuera de Egipto se veían amenazadas por el hambre, y debido a los planes sabios de José, el faraón era el dueño de la única fuente de provisión. Los hermanos de José viajaron hasta el palacio, esperando comprar provisiones para sus familias. José se encontró con ellos, pues era quien estaba a cargo de vender el grano. Aunque José los reconoció inmediatamente, ellos no lo reconocieron ni se dieron cuenta de que era su hermano pequeño.

Allí, José estaba cara a cara ante los mismos hermanos que le habían causado tanto daño. Durante años, había sufrido injustamente como esclavo y metido en la cárcel, antes de llegar a ser finalmente respetado y ocupar una posición de honor. La mayoría de las personas habrían vivido para este momento, uno en el que finalmente podrían vengarse de quienes les habían causado tanta desgracia y sufrimiento.

La Escritura dice que cuando José vio a sus hermanos, se acordó de su sueño (ver Génesis 42:9). Se acordó del sueño que ahora se estaba cumpliendo, y cómo Dios había sido fiel. No recordó la injusticia, ni los años perdidos ni el sufrimiento de abandono. Se acordó del sueño. José se mantuvo en fe. Años después, José les dijo a sus hermanos: "Ustedes se propusieron hacerme mal, pero Dios dispuso todo para bien. Él me puso en este cargo para que yo pudiera salvar la vida de muchas personas" (Génesis 50:20, NTV).

El único modo en que José pudo seguir adelante en medio de todas las dificultades y adversidades fue manteniendo su caja de recuerdos llena de las cosas correctas. Él se mantuvo creyendo que Dios tenía un plan para su vida. No te enfoques en lo que no ha salido bien, en los desengaños, las demoras, las veces en que no te trataron bien. Cuando recuerdas lo que Dios te ha prometido, eso te mantiene alentada, edifica tu fe y te ayuda a seguir adelante y ser excepcional.

La fe se trata de creer antes de verlo; se trata de confiar en que Dios tiene el control cuando las cosas no salen como tú deseas; es saber que lo que Él ha prometido supera a todas las fuerzas que están intentando detenerte. **Si pudiéramos hacerlo por nosotras mismas, no se requeriría fe.** Puede que no veas cómo podría llevarse a cabo tu sueño, pero Dios está obrando entre bastidores. Su favor sobre tu vida te llevará a donde no podrías ir por ti misma.

José no tenía ninguna señal de que su sueño se fuera a cumplir jamás; todo decía precisamente lo contrario, pero siguió recordando su sueño. Podría haber regresado a los recuerdos negativos y haber revivido la escena de sus hermanos lanzándolo al pozo; podría haberse desalentado y amargado. En cambio, decidió recordar lo que Dios había puesto en su corazón. Mantuvo su mente llena de promesas de esperanza y fe, sabiendo que Dios seguía dirigiendo sus pasos incluso cuando él no lo entendía. En los momentos en que tú no entiendes, y cuando las circunstancias parecieran indicar que nada saldrá bien, quizá seas tentada a

> *A fin de mantener vivo tu sueño, recuerda que Dios te ha rodeado de su favor y que sus bendiciones te persiguen.*

revivir los desengaños, las heridas y las situaciones injustas. En cambio, aparta esos pensamientos; no dejes que ocupen un espacio valioso en tu vida. Llena tu mente de las cosas buenas que Dios ha hecho. A fin de mantener vivo tu sueño, recuerda que Dios te ha rodeado de su favor y que sus bendiciones te persiguen. Porque te deleitas en el Señor, Él te dará los deseos de tu corazón. Cualquier cosa que Dios haya puesto en tu interior, sin importar cuánto tiempo haya pasado, sin importar cuán imposible parezca, Dios puede hacer que suceda. Él es el dador de todos los sueños. Él es quien puso ese deseo en ti.

Sigue recordando tus sueños, tus logros, las cosas buenas que Dios ha hecho. Recuérdate a ti misma continuamente quién eres tú y a quién le perteneces. Deja que te ayude a comenzar. Pon estas palabras en tu caja de recuerdos de tu corazón: *Eres una obra maestra. Eres hermosa, eres fuerte, eres inteligente, eres talentosa, eres creativa, eres escogida, eres aprobada, y eres excepcional.*

Escribe versículos de las Escrituras que estén llenos de las promesas de Dios y lo que Él dice acerca de ti. Colócalos donde los veas todos los días como un recordatorio físico y una piedra memorial de las verdades de Dios.

Dios nos ha llenado a cada una de nosotras de sueños que Él quiere que se cumplan; depende de nosotros aferrarnos a ellos, mantenernos firmes en la fe, y tener nuestra caja de recuerdos llena de aliento. Cuando mantienes tu mente fija en la dirección correcta, llena de pensamientos de fe y esperanza, serás como José, y Dios te ayudará a atravesar cada reto y a convertirte en todo aquello para lo cual Él te creó.

PENSAMIENTOS EXCEPCIONALES

✦ El regalo del aliento no tiene precio; tiene la capacidad de edificarme y fortalecer mi alma. Hoy comenzaré una caja de recuerdos, de cosas que personas han hecho, elogios que han dicho, palabras que me recuerdan quién soy yo, una hija del Dios Altísimo. Regresaré a esa caja siempre que necesite alimentar mi confianza y mi gozo y apartar pensamientos negativos que estén jugando en mi mente.

✦ Levantaré "piedras memoriales" y recordaré cuando Dios proveyó para mis necesidades, cuando creí y Él me liberó, cuando me mantuve firme y logré la victoria. Utilizaré el poder del recuerdo.

✦ No haré un memorial de mis fracasos, mis desengaños, las veces en que no me trataron bien, ni permitiré que ocupen espacio en mi mente. Llenaré mi mente de aliento en lugar de desaliento.

✦ No permitiré que los milagros que Dios ha obrado en mi vida se vuelvan comunes, ni perderé el asombro de lo que Él ha hecho. Los recordaré frecuentemente y me recordaré a mí misma las muchas maneras en que Dios me ha mostrado su favor.

✦ Me recordaré a mí misma que la fe se trata de creer antes de verlo, de confiar en que Dios tiene el control cuando las cosas no salen a mi manera, y saber que lo que Él ha prometido supera a las fuerzas que intentan detenerme.

✦ Recordaré los sueños y las promesas que Dios me ha dado. Y creeré que el Dador de mis sueños está conmigo en cada paso del camino.

CAPÍTULO 6

Aliéntate a ti misma

El otro día recibí un correo electrónico de una joven que me habló sobre una dificultad que había enfrentado recientemente. Ella pensaba que su novio y ella se dirigían en dirección al matrimonio, pero un día él le dijo que iba a mudarse a otro estado para aceptar un empleo nuevo. Esa noticia la asombró. No podía creer que él decidiera irse sin ni siquiera dialogarlo con ella. Se dio cuenta de que él no la amaba del modo en que ella pensaba, y que su relación no era tan especial para él como había sido para ella.

Las primeras semanas tras la ruptura, ella dijo: "No dejé de intentar darle sentido a lo que sucedió. ¿Qué hice mal? Me culpaba a mí misma de que las cosas no hubieran funcionado. Estaba tan consumida por esos pensamientos negativos, tan desalentada, que no quería ir a trabajar ni salir con amigas. Solamente quería quedarme en casa. Una tarde, estaba cambiando de canales y me encontré con su programa de televisión. Cuando comencé a escuchar el mensaje que Joel daba ese día, fue como si me estuviera hablando a mí. Me sentí alentada inmediatamente. Comencé a escuchar los mensajes en su podcast y en YouTube en cada oportunidad que tenía. Mientras escuchaba esas palabras de aliento, surgió la esperanza en mi interior. Obtuve más fuerza, y recuperé mi confianza. Entendí que había estado tan enfocada en lo que me había sucedido que no estaba prestando atención a lo que estaba sucediendo en mi interior. Estaba permitiendo que lo que alguien me hizo definiera mi futuro. Me había sentido tan herida, tan apartada y tan sola, que eso estaba causando que desechara todas las cosas buenas que había en mi vida. Entendí que si ese hombre decidía amarme o no, yo seguía siendo la misma. Mi propósito y valor no habían cambiado. Comencé a poner en práctica las enseñanzas, comencé a mirarme en el espejo cada día y decirme a mí misma: 'Eres hermosa, eres talentosa, eres valiosa'. A medida que lo practicaba, se volvió cada vez más fácil creerlo. Comencé a apreciarme a mí misma y comenzó a gustarme lo que veía en el espejo; la persona divertida que realmente soy y siempre he sido".

Entonces concluyó su correo con estas palabras: "Cada día me digo a mí misma: 'Dios va a traer a mi camino a la persona correcta porque estoy en la palma de su mano'".

Aquella joven tomó la decisión de vencer el desaliento que había estado sintiendo al declararse a sí misma palabras de fe. Utilizó sus palabras para edificarse, y reescribió la narrativa negativa de su mente sustituyéndola por la verdad de quien Dios dice que ella es. Al comenzar a alentarse a sí misma, la esperanza surgió en su corazón, y esa esperanza produjo la fe que la ayudó a avanzar hacia su futuro. Todas enfrentaremos desengaños, heridas y situaciones injustas, pero no podemos permitir que los recuerdos de esas situaciones dominen nuestra vida. Para ser excepcional, debes prestar atención a lo que tus pensamientos están creando en tu interior. Los pensamientos son poderosos; pueden levantarte o pueden derribarte. Tus pensamientos pueden crear una atmósfera de victoria o de derrota. Esta mujer escogió los pensamientos correctos y declaró las palabras correctas sobre su vida y, como resultado, pasó de una mentalidad de víctima a una mentalidad de vencedora.

> *Tus pensamientos pueden crear una atmósfera de victoria o de derrota.*

En Éxodo 6, Moisés les dijo a los israelitas que Dios iba a liberarlos del trabajo duro y la opresión que experimentaban bajo el faraón en la tierra de Egipto. Les estaba informando que Dios iba a sacarlos de la esclavitud y llevarlos a un lugar de libertad. Pero debido a que estaban tan quebrantados y abatidos, no escucharon lo que Moisés les decía. La Escritura dice que estaban demasiado desalentados para creer (v. 9).

El desaliento puede ahogar las promesas de Dios. El desaliento puede aplastar nuestras esperanzas y sueños y evitar que creamos en nuestro futuro brillante. Puede enterrar nuestra fe y derribarnos. Las cosas no siempre salen del modo en que a nosotras nos gustaría. Aunque las dificultades son una parte de la vida, nos corresponde a nosotras aprender a alentarnos a nosotras mismas con las promesas de Dios. La mujer que quedó devastada por su relación rota te diría que aunque su relación con aquel hombre no fue restaurada, Dios sí restauró su fe y su gozo, y ella siguió adelante con su vida.

Llena tu tanque de aliento

David fue un gran rey, un hombre conforme al corazón de Dios, que aprendió la importancia de alentarse a sí mismo en el Señor. Este poderoso hombre de Dios, quien enfrentó grandes retos, conocía el secreto para vencer. Se edificaba a sí mismo llenando su mente de las cosas de Dios. Era capaz de sacar fuerza, cuando la necesitaba, de lo que había en su interior. David acababa de sufrir la peor derrota de su vida, y los hombres en su ejército estaban tan desalentados que amenazaban con apedrearlo. En este punto tan bajo de desaliento, cuando no tenía nadie a su alrededor que lo alentase, David "cobró ánimo y puso su confianza en el Señor su Dios" (1 Samuel 30:6).

Es estupendo cuando tu familia y tus amigos están ahí para alentarte durante tiempos difíciles, pero ¿qué sucede cuando no hay nadie ahí para alentarte? No deberíamos depender de que otras personas nos alienten. Nuestra fuente principal de aliento debería venir del interior. No puedes encontrar tu aliento en otras personas; tienes que alentarte a ti misma. Ni siquiera puedo imaginar a Joel intentando alentarme cada vez que me siento desalentada. Si hubiera acudido a él cada vez que me sentía presionada y necesitaba que me animaran, probablemente se habría encerrado en un armario y no saldría. Y yo no lo culparía. No podemos depender de que otras personas nos mantengan contentas.

> *No puedes encontrar tu aliento en otras personas; tienes que alentarte a ti misma.*

David creyó que era escogido y que era llamado por Dios para hacer grandes cosas. Le dio alabanza a Dios en sus dificultades y llenó su tanque emocional poniéndose de acuerdo con Dios. Muchas veces no nos ponemos de acuerdo con Dios cuando cometemos un error o cuando las cosas no salen como queremos. Somos críticas con nosotras mismas y hablamos negativamente sobre nuestras situaciones. Nos resulta fácil reconocer las buenas cualidades en otras personas y, sin embargo, ignoramos por completo nuestras propias cualidades positivas. En cambio, parece que solo vemos lo que hacemos mal, o todas las veces en que fallamos. Debemos recordarnos que no somos un fracaso, somos aprendices.

Quizá digas: "Victoria, las cosas no han salido como yo quería. Siento que he tenido algunos reveses importantes". ¿Te recuerdo algo? Sigues estando aquí. Sigues estando llena de propósito y potencial. Sigues teniendo un futuro brillante. No puedes quedarte en las cosas que no han salido bien o en lo que parece que no has logrado y aún así esperar caminar con fuerza y valentía. Todas estamos en el proceso de llegar a ser quien Dios creó que fuéramos. Nos corresponde a nosotras mantenernos alentadas a lo largo del camino. Somos creadas a imagen de Dios, de modo que cuando nos criticamos a nosotras mismas, bien podríamos estar criticando a Aquel que nos creó. Cuando nos alentamos a nosotras mismas, estamos diciendo: "Dios, gracias porque he sido maravillosamente creada. Todo lo puedo en Cristo que me fortalece. Quizá no estoy donde quiero estar, pero creo que tú me estás guiando en la dirección correcta". Así es como nos ponemos de acuerdo con Dios y celebramos al Dios que nos creó.

Dios te aplaude. Él es un Padre bueno. Igual que cuando un niño da sus primeros pasos cuando está aprendiendo a caminar, un buen padre o madre lo alienta. Aunque se caerá, un padre amoroso no se enoja; sabe que es parte del proceso de aprendizaje. Quizá tengas la sensación de que te has caído, pero deja que te asegure que Dios es un Padre bueno y que te está alentando. Él te está apoyando en tu jornada de vida.

¿Y si pudiéramos comenzar a observar las cosas buenas que hay en nosotras mismas y aplaudir incluso los logros más pequeños?

Si tiendes a posponer las cosas, cuando comiences ese próximo proyecto que estás demorando, apláudete a ti misma incluso si no lo terminas. Cuando tengas un buen día y sigas con esa dieta que comenzaste, aliéntate a ti misma. Cuando estés intentando vencer una adicción, celebra cada paso del camino. Cuando nos aplaudimos a nosotras mismas, no estamos siendo jactanciosas, egoístas u orgullosas. Al alentarnos a nosotras mismas estamos construyendo confianza y fe en quien Dios nos llamó a ser. No vayas por ahí buscando maneras en que has fallado; apláudete a ti misma por todas las cosas que has hecho bien. **Reconoce que estás en el proceso de llegar a ser la persona que Dios quiere que seas.**

Joel es un alentador asombroso. Alienta a personas en todo el mundo. Uno de los secretos de su aliento es que sabe cómo alentarse a sí mismo; él practica encontrar lo mejor en sí mismo. Hace un tiempo, Joel estaba en una gira para presentar su libro, y cuando terminamos una entrevista con un periodista nos subimos a nuestro auto. Joel se sentó allí, y un segundo después dijo: "Hice un trabajo estupendo en esa entrevista. Hice todo lo que sabía hacer. Dije todo lo que sabía decir. Y me siento bien por lo que hice hoy; lo hice lo mejor que pude".

Teníamos con nosotros a un amigo en ese tiempo, y un poco después le dijo a Joel: "Mira, cuando te afirmaste a ti mismo tras esa importante entrevista, eso me recordó cuán negativo soy hacia mí mismo. Si yo hubiera salido de esa entrevista, habría estado lleno de dudas y convencido de que no dije nada bien, incluso si hubiera sucedido lo contrario. Cuando tuviste la valentía y el coraje para afirmarte a ti mismo, fue muy liberador para mí. Me hizo entender que puedo afirmarme a mí mismo".

Si quieres ser excepcional, debes aprender a alentarte a ti misma. Levántate cada día y comienza a declarar quien Dios dice que eres. "Soy una hija del Dios Altísimo. Soy amada por Dios, soy fortalecida por Dios, soy aceptada por Dios y estoy llena de propósito y destino". Eso cambiará la atmósfera de tu vida y mantendrá tu caja de recuerdos llena de cosas buenas. Entonces, tendrás tesoros guardados en tu corazón a los que acudir. A medida que sigues alentándote, tendrás la habilidad de ver lo mejor no solo en ti misma, sino también en los demás.

Tus palabras tienen poder

El otro día, una mujer me estaba hablando de su hija, a quien ama mucho y está profundamente involucrada en su futuro. La gente del trabajo de su hija no estaba reconociendo sus talentos, y no estaba obteniendo los avances que se merecía. Había otros trabajadores menos talentosos que estaban avanzando y obteniendo mejores oportunidades. La situación de su hija le estaba rompiendo el corazón y se sentía muy frustrada. Siguió diciéndome que si esa situación no cambiaba y no la tomaban en cuenta cuando las oportunidades surgían, el talento de su hija quedaría desperdiciado.

Aunque yo empatizaba con la frustración que sentía esta madre, también reconocía que el cuadro que estaba dibujando de la vida de su hija era una imagen de derrota. Mientras escuchaba, entendí: *Esta mujer me está convenciendo de que eso va a suceder. Está haciendo que me sienta molesta y preocupada.* Pensé: *Si me está convenciendo a mí, ¿qué están haciendo esas palabras en la vida de su hija?*

Cuando dejó de hablar, yo la miré y le hice una pregunta difícil. "¿Es esto lo que quieres para tu hija?". Ella me miró con asombro, y respondió: "¡Desde luego que no!". Así que le dije: "Entonces deja de profetizar su futuro".

Esta madre estaba permitiendo que su temor y las palabras negativas prepararan el escenario de fracaso. La percepción que tenía de la situación no estaba ayudando a su hija a crear una visión de logro y éxito, sino más bien de duda y derrota. Estaba utilizando sus palabras para guiarla en la dirección equivocada.

Esa madre ni siquiera se daba cuenta de que sus palabras de derrota estaban disminuyendo el sueño en el interior de su hija. Las palabras tienen la capacidad de hacer eso en nosotros y en otras personas. Las palabras son poderosas. Pintan imágenes de éxito o de fracaso. Tenemos que tener cuidado con cómo las utilizamos.

> *Las palabras son poderosas. Pintan imágenes de éxito o de fracaso. Tenemos que tener cuidado con cómo las utilizamos.*

Leí una historia sobre una joven que era aspirante a escritora. Fue una editora de su anuario escolar en la secundaria y también la editora del periódico de su escuela. En su primer año de universidad se ganó un lugar para participar en una prestigiosa clase de redacción dirigida por un profesor de Harvard itinerante. Estaba tan emocionada que cuando entregó su primer trabajo, anticipaba buenas noticias. A la semana siguiente, el profesor la llamó a su oficina y le entregó su trabajo con una gran letra F (suspenso) de color rojo brillante. Las palabras exactas que le dijo fueron: "¡Su redacción apesta!".

Ella quedó devastada mientras él seguía lanzando palabras de duda: "Nunca más debería volver a escribir. No ganará ni una sola moneda como escritora". Le dijo que si le prometía no volver a escribir, le daría B (aprobado) en su clase, lo cual le permitiría mantener su estatus de Summa Cum Laude. Debido a esas palabras negativas declaradas sobre ella, dejó a un lado sus sueños. Aquellas palabras negativas fueron como semillas en su corazón que hicieron que dejara de perseguir su pasión de escribir. Unos catorce años después, estaba de vacaciones con su familia cuando surgió una gran historia en las noticias en la ciudad donde estaban. Se acercó a los periodistas que estaban cubriendo la historia y comenzó una conversación con ellos. Ella compartió su sueño de haber querido ser escritora. Uno de los periodistas le dijo: "Si le encanta escribir, debería estar escribiendo. Cuando decida volver a escribir, por favor envíeme su trabajo. Aquí tiene mi tarjeta".

Sus palabras encendieron su pasión y avivaron otra vez su confianza. Finalmente, ella se atrevió a agarrar papel y pluma y descubrió que regresaba una alegría que había quedado aparcada hacía años atrás. Poco tiempo después había terminado el borrador de un libro, y se lo envió al escritor. Entonces, recibió una llamada de su agente. Antes de darse cuenta, su manuscrito se convirtió en una novela éxito de ventas. Varias editoriales competían por su trabajo. Actualmente, ha escrito incontables libros, incluidas las novelas *Romancing the Stone* y *The Jewel of the Nile*.

A pesar de las palabras negativas que aquel profesor de escritura creativa declaró sobre ella, Catherine Lanigan ha estado escribiendo novelas de éxitos de ventas por más de treinta y cinco años.

Pilota tu barco

En el principio, la Escritura dice que Dios *habló* a la oscuridad y creó la luz. Entonces comenzó a utilizar sus *palabras* para crear el mundo. Las palabras tienen poder creativo. La Escritura dice que hay vida y muerte en el poder de la lengua. Tenemos la capacidad de declarar vida a quienes amamos y ayudarlos a descubrir lo que Dios ha puesto en su interior. Las palabras pueden levantarnos o derribarnos. Lo que dices importa, y tiene un impacto profundo en todos los que te rodean.

En la Epístola de Santiago, el escritor compara la lengua con el timón de un gran barco. El timón puede que sea una parte muy pequeña pero controla toda la dirección del barco. El modo en que el piloto dirige el timón determina hacia dónde va el barco. Incluso con vientos fuertes y olas rugientes, ese pequeño timón tiene la capacidad de girar el barco. Pero ¿notó quién controla el timón? El piloto. Quizá te encuentres hoy en una tormenta; los vientos son fuertes contra ti. Serás tentada a quejarte, culpar a otros o declarar duda a la situación. Las palabras negativas no te harán salir de la tormenta. Te animo a que pilotees tu barco con el timón de la palabra de fe. Cuando resistes la tentación de hablar negativamente, dirigirás tu vida fuera de las aguas impetuosas y navegarás rumbo a la victoria.

David oró: "Señor, ponme en la boca un centinela; un guardia a la puerta de mis labios" (Salmo 141:3). Así como David usaba sus palabras para alentarse a sí mismo, también él escogía sus palabras. David estaba en una situación muy difícil; estaba escondido en una cueva rodeado por enemigos. David estaba diciendo: "Señor, no dejes que envíe mi vida en la dirección equivocada. Guarda mi lengua de hablar maldad". Él conocía el poder de sus palabras.

Las presiones de la vida son reales, y es fácil hablar por frustración. También nosotras necesitamos un guardia a la puerta de nuestros labios en momentos de estrés y presión. Todas

enfrentamos tiempos difíciles
que pesan mucho sobre nosotras. Cuando yo no sé qué decir,
comienzo a alabar a Dios y a
darle gracias. Digo: "Padre, gracias porque tú eres más fuerte
que cualquier cosa que llegue
contra mí. Dios, puede que se
vea mal, pero tú eres bueno. Tu

> *Dios nos ha dado la capacidad de usar nuestras palabras y liberar nuestra fe para que podamos pilotar nuestra vida en medio de las tormentas e ir directamente a Jesús.*

puedes hacer cualquier cosa menos fallarme". Entonces comienzo
a cantar los cantos de adoración que cantamos cada semana en
la iglesia. Tengo esos cantos en mi corazón, de modo que salen
por mi boca. Regreso a mi caja de recuerdos para poder llegar
a la victoria alabando. Dios nos ha dado la capacidad de usar
nuestras palabras y liberar nuestra fe para que podamos pilotar
nuestra vida en medio de las tormentas e ir directamente a Jesús.

Persigue tu milagro

Marcos 5 cuenta la historia de la mujer que había sufrido hemo-
rragias en su cuerpo durante doce largos años. Había acudido a
muchos médicos y había hecho todo lo que pudo. Se gastó todo
su dinero intentando encontrar una cura, pero no mejoraba sino
que empeoraba. Estaba débil y frágil. Un día se enteró de que
Jesús iba a pasar por su pueblo, de modo que acudió a verlo. Estoy
segura de que había oído historias de cómo Él había sanado a un
paralítico, curado a otro de lepra y dado vista a los ciegos. Algo
cobró vida en su interior y pensó: *Si Él hizo eso por otras personas,
ciertamente podría hacer esto por mí.* Las calles estaban abarrotadas

de gente. Ella podría haber pensado: *Nunca podré llegar con toda la gente que hay en las calles. Me siento débil y agotada.* Podría haberse quejado, diciendo: "La vida no es justa. ¿Por qué me sucedió esto a mí?". En cambio, se dijo para sí: "Si solo puedo llegar hasta Jesús y tocar el borde de su manto, sé que seré sana". Una versión (AMPC) dice: "*No dejaba* de decir". Lo repetía una y otra vez: "Cuando llegue hasta Jesús, sé que me pondré bien. Sé que llegará la sanidad. Quizá estoy débil y agotada, pero mi milagro está en camino". Fueron las palabras de fe que salieron de su boca lo que le dio las fuerzas para ir tras su milagro. Se alentó a sí misma durante el camino para así poder seguir adelante.

Las calles estaban llenas de personas y su cuerpo estaba débil y frágil, porque había perdido sangre durante años. En lugar de mirar al problema, comenzó a liberar palabras llenas de fe que aquel día le dieron la capacidad y la fuerza para salir de su casa y comenzar a abrirse paso entre la multitud. La mayoría de las personas habrían abandonado, pero no esta mujer. Tenía determinación y lo había decidido. Se encontró entre la multitud cerca de Jesús. Puedo verla ahora abriéndose camino y diciendo para sí: "Ojalá pueda llegar hasta Él. Si pudiera tocarlo". Se situó detrás de Jesús y lo intentó una última vez. "Ojalá pueda llegar hasta Él". Con lo que le quedaba de fuerza y determinación, estiró su mano y tocó el borde de su manto, y supo inmediatamente que su vida fue cambiada.

Jesús miró a sus discípulos y preguntó: "¿Quién me tocó?".

Ellos lo miraron confundidos y dijeron: "Hay muchos que te están tocando, Señor. Toda esta gente nos rodea".

Jesús se volteó para ver, miró a aquella mujer y vio su fe. Dijo: "Mujer, eres sana".

Sus palabras condujeron a su milagro y cambiaron el rumbo

de su vida. Pero para llegar hasta ese milagro, ella no solo tuvo que abrirse paso aquel día entre la multitud, sino que también tuvo que abrirse paso entre el cúmulo de pensamientos en su mente.

¿Está tu mente llena de pensamientos que te dicen: "Nunca conocerás a la persona correcta" o "nunca verás tus sueños cumplidos"? La multitud podría ser palabras negativas que personas han dicho sobre ti: "No eres lo bastante buena"; "No tienes el talento que necesitas"; "Nunca serás exitosa". Quizá tengas que abrirte camino entre la multitud de sueños rotos, problemas financieros o errores que cometiste. La

> *Si quieres ser excepcional, tienes que estar más determinada que la multitud de pensamientos que llegan contra ti.*

multitud podría decirte que te quedes en tu casa. Lo has intentado todo y no va a funcionar. Si quieres ser excepcional, tienes que estar más determinada que la multitud de pensamientos que llegan contra ti.

Jesús está pasando por tu lado. Espera que las cosas cambien. Sigue alentándote: "Ya llega mi victoria. Las oportunidades están en camino".

Jesús dijo: "Las palabras que les he hablado son espíritu y son vida" (Juan 6:63).

Quiero alentarte a que tomes las palabras de Dios y las pronuncies audiblemente por tu boca. Eso cambiará tus pensamientos y te conducirá hacia tu milagro.

Cuando aquella mujer dijo: "Si puedo tocarlo, seré sana", profetizó su futuro. Quizá lleguen contra ti vientos o tormentas, pero puedes dirigir tu barco con las palabras que declaras. Puedes atravesar esas tormentas y situarte hoy en rumbo hacia tu milagro. Tus palabras pueden conducirte hasta el manto mismo de Jesús.

PENSAMIENTOS EXCEPCIONALES

+ Yo soy responsable de alentarme y fortalecerme a mí misma en el Señor mi Dios y en sus promesas. No puedo depender de que mi familia o mis amigos me alienten. Me alentaré a mí misma y reescribiré cualquier narrativa negativa que llegue contra mí.

+ Llenaré mi tanque de aliento en este momento poniéndome de acuerdo con lo que Dios dice sobre mí. Soy creada maravillosamente a imagen de Dios. He alcanzado metas y he vencido tentaciones. Celebro el hecho de que estoy convirtiéndome en la persona que Dios me creó.

+ Mis pensamientos tienen la capacidad de aliento. Hoy escogeré pensamientos de victoria y los atesoraré en mi corazón para así poder extraer fortaleza de ellos en momentos de desaliento. ¡Sé que Dios es un Padre bueno que me está animando!

+ Las palabras tienen poder creativo. Tendré cuidado de declarar palabras de fe que sitúen mi vida en un rumbo de victoria.

+ Pondré guarda sobre mi boca y cuidaré mis palabras. No declararé palabras negativas sino palabras de fe, esperanza y amor.

+ Las palabras de fe pueden llevarme directamente a Jesús donde puedo tocar el borde de su manto. Voy a abrirme paso entre la multitud de pensamientos negativos en mi mente e ir tras mi milagro.

SECCIÓN IV

Viaja ligera

CAPÍTULO 7

Invierte en tu futuro

Joel y yo viajamos constantemente, y hace unos años atrás tuvimos dos viajes relacionados con el ministerio que estaban programados muy seguidos. Cuando llegamos a casa tras el primer viaje, íbamos a estar allí solo unas dos horas antes de tener que regresar al aeropuerto. Durante todo el viaje de regreso a casa, lo único en que podía pensar era sacar de mi maleta la ropa sucia. Pensando en toda la colada de esa semana en mis maletas, no podía enfrentarme a la idea de que esa noche nos iríamos otra vez de viaje. En cuanto llegué a casa, metí toda esa ropa en el cesto para la ropa sucia y comencé a meter ropa limpia en mi maleta. Fue una locura, pero aunque estaba cansada y ansiosa durante el viaje a casa, en cuanto renové mis maletas con ropa limpia adopté una actitud totalmente nueva. Me sentí vigorizada y preparada para hacer el siguiente viaje.

Lo mismo sucede en la vida si nuestras maletas están llenas de viejas heridas, lamentos y falta de perdón, no podemos mirar adelante a lo siguiente que Dios tiene porque aún seguimos ocupadas con la ropa sucia. Algunas personas nunca renuevan sus maletas; las tienen llenas de quienes les ofendieron, de lo mal que les trataron, y de lo que no funcionó. Toda esa ropa sucia les pesa y las hace sentirse cansadas y desalentadas.

Todas tenemos una decisión que tomar en lo que respecta a lo que llevamos con nosotras cada día. Lo que pongamos en nuestras maletas es una inversión en el camino hacia donde vamos, o en donde hemos estado. Invertir en nuestro pasado significa que nos enfocamos en lo que no salió bien, en quién nos hizo daño, o en los errores que cometimos. Si no tenemos cuidado, nos encontraremos repitiendo la frase *si solo*. "Si solo me hubiera criado en un entorno mejor. Si solo hubiera terminado la universidad, habría conseguido un empleo mejor. Si solo hubiera pasado más tiempo con mis hijos, no estaría enfrentando esto". Esos pensamientos son una pérdida de tiempo y de energía, y una mala inversión en nuestro futuro. No puedes hacer nada con respecto a lo que sucedió en el pasado, pero puedes hacer algo con respecto al presente. Cuando comienzas a enfocarte en lo que puedes cambiar en lugar de hacerlo en lo que no puedes cambiar, estás haciendo la inversión correcta. El pasado es pasado. Dios no te creó para que cargues con un montón de basura que te agobiará y te alejará de la vida que Él ha planeado para ti.

Cada día necesitamos renovar nuestras maletas. Cuando te despiertes en la mañana, ordena el caos y esas cosas que no funcionaron el día anterior. Perdona a las personas que te hirieron; perdona a tu cónyuge por lo que hizo. Libera a tus hijos por no observar todo lo que haces por ellos. Perdónate a ti misma los errores que cometiste. Deja ir los reveses y decepciones del ayer y comienza de nuevo, desde cero. **Hacia dónde te diriges es mucho más importante que donde has estado.** Si quieres ser excepcional, tienes que viajar ligera.

Conocí a una mujer que llevaba un par de años divorciada, y había estado orando fervientemente para que Dios trajera a alguien a su vida. Finalmente conoció a un hombre con el que estaba muy ilusionada. Era amable, exitoso, tenía un empleo estupendo y amaba a Dios. Ella estaba muy emocionada por las posibilidades, pero en lugar de comenzar desde cero, cometió el error de hablar constantemente de lo que había pasado en su primer matrimonio y de que su esposo la había tratado mal. Llevaba con ella todo ese equipaje negativo del pasado a su nueva relación. Después de un tiempo, el hombre le dijo a una de sus amigas que ella estaba tan enfocada en su pasado y en lo que había experimentado, que eso impedía el que pudieran establecer una buena conexión. Él decidió seguir adelante y poner fin a la relación.

Eso es lo que sucede cuando no renuevas tus maletas emocionales; puedes llevar tus cosas apestosas dondequiera que vayas. No puedes arrastrar equipaje negativo del pasado y esperar tener un futuro brillante. Sin importar lo que alguien hizo o cuán injusto fue, suéltalo. No permitas que siga contaminando tu vida.

En una ocasión, Joel y yo íbamos en un avión de regreso a casa de un viaje cuando comencé a oler algo extraño; y no era bueno. No podía adivinar lo que era. Le pregunté a Joel si él podía olerlo y me dijo que no, que todo le parecía que iba bien. Fue empeorando cada vez más, y casi ya no podía soportarlo. Al final me di cuenta de que Joel se había quitado los zapatos. Bueno, resultó que se había olvidado de incluir calcetines en este viaje, de modo que se había puesto los mismos calcetines dos días. Cuando olí sus calcetines, casi me desmayo. Lo chistoso es que Joel no lo olía. Así sucede en la vida. No siempre podemos oler las malas actitudes, la amargura, el resentimiento y la autocompasión que llevamos con nosotras. El problema es que otras personas pueden olerlo, y eso les aleja. Evita que tengamos buenas relaciones; limita nuestro potencial y no deja que nuestros sueños se cumplan. ¿Estás llevando contigo cosas apestosas y no te das cuenta? ¿Hay algo que necesitas renovar?

Todas enfrentamos situaciones injustas en la vida. Experimentamos pérdida, personas nos hacen daño, hay cosas que no resultan como deberían ser. Tenemos que tomar una decisión y dejar esas cosas en las manos de Dios. Él quiere darte belleza en lugar de tus cenizas. Debe producirse un intercambio. Tus heridas y dolores por la gracia de Dios. El consuelo, la paz y el gozo que Él quiere darte. Se requiere una gran fe para decir: "Perdono a esa persona que me ofendió. No voy a guardar este rencor y perder la bendición que Dios tiene preparada para mí". No vale la pena aferrarnos a sentimientos que nos robarán lo mejor de Dios. Puede que una amiga te haya herido profundamente; quizá te hayan acusado falsamente. Tal vez has sufrido una pérdida, pero Dios quiere ayudarte a atravesar esas experiencias. Tenemos que trabajar juntamente con Dios para sacudirnos las heridas y los errores y mantener una buena actitud. Es entonces cuando Dios puede darnos la belleza. Tu pasado no tiene que determinar tu futuro. Dónde vas es más importante que donde has estado.

El apóstol Pablo dijo: "...una cosa hago: olvidando ciertamente lo que queda atrás, y extendiéndome a lo que está delante" (Filipenses 3:13, RVR1960). Estaba diciendo: "No miro atrás a mis errores del pasado ni revivo mis fracasos. No miro atrás a las personas que me ofendieron o las situaciones que no funcionaron. No me quedo en los desengaños, las heridas y las malas rachas. Olvido lo que queda atrás y me preparo para las cosas nuevas que

Dios quiere hacer". Él entendía que no se puede avanzar mientras se esté mirando atrás.

Joel y yo solíamos jugar juntos al ráquetbol. Es un juego rápido que se juega con una pelota de goma hueca y una raqueta en una cancha totalmente cerrada. La única regla de seguridad en este juego es que nunca miras atrás, porque la pelota rebota en la pared de atrás tan rápidamente que puede golpearte en la cara y causar una herida importante. Sin importar dónde estés en la cancha, tienes que mirar siempre adelante y jugar la pelota que tienes delante de ti.

La vida se parece mucho al ráquetbol. Mirar atrás a tus errores del pasado y revivir tus fracasos solamente causará daño. Quedarte en heridas del pasado y en quién te ofendió arruinará tus relaciones, disminuirá tu autoestima, y te robará la confianza. Vivir en el "Me gustaría haberlo hecho de otro modo" o el "¿Por qué sucedió esto?" limitará tu potencial y te robará la pasión. No puedes deshacer tu pasado, pero puedes hacer algo con respecto a tu presente. Puedes jugar la pelota que tienes delante de ti, no la pelota que está a tus espaldas. Haz lo que hizo el apóstol Pablo: "¡No mires atrás!". Dios tomará lo que el enemigo quiso para mal y lo usará para tu beneficio. Dirígete hacia esas cosas que están delante de ti y prepara tu golpe. ¡Es ahí donde radica tu éxito!

Cierra la puerta al pasado

Hace unos años atrás, nos invitaron a Joel y a mí a un edificio del gobierno blindado de seguridad. Para entrar en el edificio teníamos que pasar por dos conjuntos de puertas dobles que estaban separadas por unos quince pies (4,5 metros). Nos detuvimos delante de las primeras puertas, se abrieron y las atravesamos, y pasamos a las segundas puertas. Sin embargo, el segundo conjunto no se abría hasta que se cerraran las primeras puertas.

Mientras continúes hablando sobre las cosas malas que te sucedieron, reviviendo los errores y fracasos, y sintiendo lástima de ti misma, estás manteniendo cerradas esas puertas. Cuando nos aferramos a nuestro pasado, el nuevo conjunto de puertas no se abrirá. Es momento de permitir que se cierren a tus espaldas las puertas de la decepción para así poder entrar en las cosas nuevas que Dios tiene preparadas.

> Es momento de permitir que se cierren a tus espaldas las puertas de la decepción para así poder entrar en las cosas nuevas que Dios tiene preparadas.

Una vez conocí a un hombre que me dijo cuán difícil había sido su vida cuando era niño. Fue testigo de cómo la vida de su hermano terminaba en una tragedia, y me habló de que su novia había muerto en la flor de la vida. Me dijo: "De joven enfrenté tantas cosas negativas y me amargué tanto, que tenía tendencias suicidas. Sentía que no podía vivir con lo que me había sucedido. No podía dejar atrás el pasado. No podía avanzar".

"Un día", continuó a la vez que se iluminaba la expresión en su cara, "me desperté y por alguna razón comencé a clamar a Dios diciendo: 'Dios, ayúdame a dejar atrás toda esta amargura. Ayúdame a aferrarme a lo que tú tienes preparado para mí'".

Sintió una fuerte urgencia por comenzar a correr. No entendía por qué, pero se puso sus zapatillas, y salió a correr. "Cada día mientras corría", recordaba, "me imaginaba a mí mismo cerrando la puerta al oscuro pasado y corriendo hacia mi brillante futuro.

Con cada carrera sentía a Dios delante de mí, ayudándome e instándome a avanzar". Mientras el hombre seguía corriendo, Dios comenzó a cambiar su corazón y a renovar su mente. Fue así como él practicó el cerrar la puerta a su pasado. Dijo: "Mientras seguía corriendo cada día, recorriendo más distancia que nunca antes, veía que Dios iba a mi lado, ayudándome a lograr cosas que nunca pensé que fueran posibles". Esta actitud se extendió por toda su vida. Volvió a estudiar y terminó la universidad, y después se matriculó en medicina. En la actualidad, tiene una exitosa consulta médica con treinta y cinco empleados y su propia clínica.

Igual que este hombre fue capaz de vencer sus retos porque clamó a Dios, también tú puedes proseguir y dejar atrás cualquier cosa que te esté manteniendo cautiva. Ya sea enojo, amargura o lamento, encuentra tu manera de cerrar la puerta al pasado. Dios te ayudará. Quizá necesitas dejar de hablar de tu pasado o dejar de relacionarte con las personas que lo siguen sacando a relucir. Dios está diciendo que es tiempo de avanzar hacia las cosas nuevas que Él tiene preparadas. **Nada de lo que haya sucedido en tu pasado tiene que evitar que avances hacia el asombroso futuro que tienes por delante.** Puedes tomar la decisión de cerrar la puerta a las heridas, los desengaños y los errores. Es momento de avanzar hacia lo que Dios tiene preparado.

No camines con una cojera emocional

A una de mis buenas amigas le hicieron una cirugía del pie. Tras la operación, le dijeron que no apoyara el pie durante un mes antes de poder comenzar la terapia física. Después de ese largo mes sin caminar, ella estaba emocionada por comenzar a hacerlo. En la primera visita al terapeuta físico, le hizo caminar en línea recta. Entonces le preguntó: "¿Te duele el pie ahora?".

"No, no me duele", dijo mi amiga. Su terapeuta la miró con expresión de confusión. "Si no te duele, entonces ¿por qué cojeas?".

Ella ni siquiera se había dado cuenta de que caminaba con cojera, pero cuando su terapeuta le señaló eso, mi amiga se encogió de hombros. "Bueno, supongo que estoy intentando proteger mi pie. No quiero herirlo otra vez ni hacer nada que me cause más dolor", dijo. Su terapeuta asintió con la cabeza. "Entiendo que intentes protegerte, pero necesito que dejes de cojear. Si no comienzas a concentrarte en caminar con normalidad, tu pie no se curará bien. No querrás tener el hábito de caminar siempre con cojera", le dijo.

Mi amiga solo intentaba evitar más dolor, lo cual es una tendencia muy natural. Quizá creía que su pie lesionado siempre sería más débil que el otro pie debido a lo que había experimentado, pero tenía que creer que podía estar fuerte de nuevo, que podía curarse totalmente, para así dar los pasos hacia una recuperación plena.

A veces experimentamos cosas negativas en la vida, como un divorcio, una niñez difícil o palabras críticas dirigidas a nosotras. Si nos aferramos a esos recuerdos que nos causan dolor, podemos tener una cojera emocional. Esas heridas y sufrimientos del pasado pueden retenernos, y desarrollamos una fortaleza en nuestro pensamiento. Los pensamientos equivocados son como semillas que pueden echar raíz en nuestra mente. Muchas veces ni siquiera nos damos cuenta de que son esas mentalidades equivocadas las que nos hacen caminar con una cojera emocional. Por eso es tan importante llenar nuestra caja de recuerdos de pensamientos que dicen: "puedo hacerlo".

La Escritura dice que renovemos nuestra mente con la Palabra de Dios y transformemos nuestros pensamientos. Cuando oigas esas voces negativas diciéndote que no puedes elevarte más y que nunca va a mejorar, sé rápida en decir: "No, gracias, eso no es para mí. Yo voy a amontonar buenos pensamientos". Toma la decisión de que no vas a cojear en tu pensamiento, sino que vas a llegar a ser todo lo que Dios quiso que fueras. **Puede que te hayan herido, pero estás de camino hacia la recuperación**.

Cada domingo durante el tiempo de oración en nuestra iglesia, Joel hace declaraciones de fe sobre nuestra congregación. Declara: "Eres bendecido. Estás enfocado. Eres disciplinado, talentoso y capaz de hacer lo que Dios te ha llamado a hacer". Hace esas declaraciones de fe sobre nosotros cada semana. Lo que está haciendo es poner en nuestros pensamientos lo que Dios dice sobre nosotros, y recordarnos quiénes somos y de lo que somos capaces. La Palabra de Dios obra cuando la pones en tu corazón y en tu mente. Cada día deberías hacer declaraciones de fe sobre tu propia vida. Quizá hoy estés pasando por el proceso de sanidad, pero has de saber que no necesitas quedarte con la herida. Declara sobre ti misma que eres sana, eres bendecida y eres más que vencedora. Dios es el sanador de todas las cosas, y si recuerdas lo bueno y das un paso de fe, Él te llevará al lugar de sanidad completa para que puedas vivir la vida de victoria.

Tengo una amiga cuya joven nuera acababa de saber que estaba embarazada. Su hijo estaba entusiasmado, y toda la familia estaba muy emocionada; pero unas semanas después de la celebración, ella tuvo un aborto espontáneo. Su gozo maravilloso se convirtió en dolor extremo; comenzó a cuestionar a Dios y a dudar de sí misma. Pensaba: *¿Dónde está Dios en esto? ¿Alguna vez tendré un bebé? Quizá no pueda tener un embarazo hasta el final.* Le dijo a su esposo: "¡No quiero volver a intentarlo! No puedo seguir. Me temo que no podré volver a soportar el dolor". Se contrajo en temor y comenzó a cojear. En el proceso, comenzó a retirarse y a no actuar como ella era. Ya no era la joven vibrante que antes fue. Es fácil tener miedo a confiar cuando has sido herida o has enfrentado problemas en el pasado, pero no tienes que enfrentarlos sola. Aférrate a Dios y abraza sus promesas. Sus planes son prosperarte y no dañarte.

> *Aférrate a Dios y abraza sus promesas. Sus planes son prosperarte y no dañarte.*

Poco después de su gran pérdida, una amiga la alentó a que escuchara nuestro canal Sirius XM. Ella oyó el mensaje de esperanza que se encuentra en el Dios fiel y amoroso que quería ayudarle y fortalecerle. Día tras día ella escuchaba, y a medida que lo hacía, esos mensajes del amor de Dios comenzaron a romper el patrón de pensamiento que había formado una fortaleza en su mente. Valentía y determinación comenzaron a echar raíces cuando ella comenzó a preguntarse: "¿Puedo hacerlo? ¿Estoy lista para volver a intentarlo?". Con el tiempo, la derrota y la duda se convirtieron en esperanza, fe y victoria. Le dijo a su esposo: "Quiero tener un bebé. Sé que Dios es bueno y Él me ama. ¡Creo que estoy preparada para volver a intentarlo!". Dejó a un lado todo el temor y la duda y los sustituyó por fe y expectativa. Finalmente, dio a luz a una hermosa bebé a la que llamó Mia. Ella atravesó las mentiras que intentaban derrotarla y los pensamientos que podían haber causado que caminara con una cojera emocional. Con la ayuda de Dios, fue capaz de renovar su mentalidad, restaurar su relación y desarrollar su hermosa familia.

No puedes permitir que una experiencia dolorosa te engañe para que pienses que vas a tener una vida dolorosa. ¡Dios puede sanar tus heridas! Él es quien venda los corazones quebrantados. Hoy, puedes levantarte en las fuerzas del Dios Todopoderoso y decir: "No fui diseñada para cojear. ¡Fui hecha para correr! No me quedaré encerrada en una fortaleza de temor. Caminaré confiadamente hacia adelante en las cosas de Dios".

¡Él te hará más fuerte de lo que has sido nunca antes! Toma la decisión de recorrer el proceso de recuperación. Llena tu mente y tu corazón de mensajes de esperanza de la Palabra de Dios, y eso edificará valentía y determinación, y te llenará de fe y victoria.

Estamos en el equipo ganador

Hace varios años atrás, mi sobrino comenzó a jugar al fútbol americano. Como es un muchacho fuerte y fornido, comenzó a entrenar con el equipo universitario como estudiante de primer año. Cuando llegó a casa tras los dos primeros entrenamientos, le dolía cada músculo de su cuerpo y estaba todo magullado. Estoy segura de que se preguntaba si el trabajo duro, el dolor y las magulladuras valían la pena, pero regresó una y otra vez a los entrenamientos. Finalmente llegó el día de su primer partido, y regresó a casa aquella noche alegrándose por su primera victoria. "No me importan las magulladuras. ¡Ganamos! ¡Ganamos!". Mi sobrino aprendió una lección muy importante. Entendió que todas aquellas magulladuras y golpes, aunque dolían y eran incómodos, estaban edificando en él fuerza, carácter y aguante. Comenzó a entender que perseverar en las dificultades era parte del juego. Vencer los retos y ver las victorias hizo que todo valiera la pena.

Los golpes y las magulladuras son una parte de la vida y nos llegan a todas, pero tienes que recordarte a ti misma continuamente que estás en el equipo de Dios. Estás en el equipo ganador. Tu actitud debería ser: "Estas magulladuras duelen, pero no me van a detener. Sé que al final tendré la victoria y que valdrá la pena".

> *Cuando trabajamos para invertir en nuestro futuro y en la victoria que hay por delante, eso nos mantiene avanzando incluso las veces en que nos sentimos defraudadas y desalentadas.*

Cuando trabajamos para invertir en nuestro futuro y en la victoria que hay por delante, eso nos mantiene avanzando incluso las veces en que nos sentimos defraudadas y desalentadas.

La historia bíblica nos dice que el profeta Samuel había pasado mucho tiempo siendo mentor del rey Saúl y amándolo como a uno de sus propios hijos. Pero cuando Saúl siguió desobedeciendo a Dios y alejándose del camino que Dios había trazado para él, Dios rechazó a Saúl como rey. Samuel quedó devastado. Había dado gran parte de su tiempo, emoción y energía a Saúl. La Escritura dice que Samuel "lloraba por él constantemente" (1 Samuel 15:35, NTV). Samuel estaba cuidando un corazón herido. Todas pasamos por periodos de pérdida o quebrantamiento. Es especialmente difícil cuando el dolor desgarrador que experimentas se debe a las malas decisiones de otra persona, pero Dios no quiere que permitamos que nuestro dolor se vuelva excesivo. Finalmente, Dios dijo: "Samuel, ya te has dolido lo suficiente por Saúl" (ver 1 Samuel 16:1). Le estaba diciendo: "Deja de dolerte por lo que yo he rechazado. Deja de emplear energía en lo que no funcionó. Es momento de avanzar".

Dios le dijo a Samuel: "Llena tu cuerno de aceite y ve a Belén. Encuentra a un hombre allí llamado Isaí, porque yo he escogido a uno de sus hijos para ser mi rey". Era el momento de dejar de cuidar las heridas, de superar los golpes y las magulladuras y recordar la victoria que estaba preparada. Cualquier cosa que hayas vivido no fue una sorpresa para Dios. Necesitas hacer lo que hizo Samuel y "llenar tu cuerno de aceite". Ten una nueva actitud y confía en la bondad de Dios. David está esperando en los campos de los pastores. Lo que Dios tiene en tu futuro es mejor de lo que puedas imaginar.

Piensa en lo que habría sucedido si Samuel hubiera cedido a la desilusión y no hubiera confiado en Dios. Se habría perdido eso nuevo que Dios estaba haciendo; no habría experimentado el gozo y el privilegio de ungir a David como el siguiente rey de Israel, el mayor rey que haya vivido jamás.

No sigas mirando atrás. Dios tiene un plan nuevo y mejor. Ser excepcional significa que has llenado tu cuerno de aceite. Los errores del ayer se quedan en tu ayer. Hay cosas buenas en tu futuro. Créelo, aférrate a ello, y observa cómo se cumple.

PENSAMIENTOS EXCEPCIONALES

✦ Ya no miraré atrás y me obsesionaré por lo que no funcionó, quién me hirió, o los errores que cometí. Dejaré que el pasado sea pasado y fijaré mi mirada hacia adelante, mirando lo que Dios tiene preparado.

✦ No puedo hacer nada por lo que sucedió en el pasado, pero puedo hacer algo con respecto al presente. Comenzaré a enfocarme en lo que puedo cambiar en lugar de en lo que no puedo cambiar.

✦ Cada mañana limpiaré el caos y las cosas que no funcionaron el día anterior y comenzaré de nuevo. Donde voy es mucho más importante que donde he estado.

✦ No puedo permitir que una experiencia dolorosa me engañe para pensar que voy a tener una vida dolorosa. Dios es el sanador de todas las heridas. ¡No cojearé cuando fui creada para correr! Renovaré mi mente con la Palabra de Dios y transformaré mi pensamiento. Cada día haré declaraciones de fe sobre mi vida que me recuerden quién soy yo y de lo que soy capaz.

✦ Cuando tenga golpes y magulladuras, me recordaré a mí misma que eso me está preparando para la victoria final, porque estoy en el equipo ganador.

✦ Durante periodos de pérdida o quebrantamiento, recordaré que Dios ya tiene planeados nuevos comienzos, nuevos sueños y nuevas relaciones. Lo que Dios tiene en mi futuro es mejor de lo que puedo imaginar.

CAPÍTULO 8

Haz cada día uno excepcional

Dos amigas estaban planeando un viaje de senderismo de un día. Iban a caminar varias millas a través de varios tipos de terreno, y luego terminarían donde empezaron. El pronóstico era claro y habían caminado por este sendero antes. Una de ellas llevaba una pequeña mochila que contenía agua, bocadillos y unos pocos parches. La otra amiga llevaba una mochila grande y pesada que contenía un libro sobre primeros auxilios, un kit completo de primeros auxilios, ropa de abrigo, una chaqueta para la lluvia y un par de zapatos extra. Como era de esperar, la excursionista con la mochila pesada tuvo que detenerse en varias ocasiones para aliviar el peso, pero solo para volver a levantarla y continuar.

Dios quiere que estemos preparadas, pero a veces llevamos cosas que realmente no necesitamos. El clima era hermoso, y el viaje de senderismo fue relativamente corto. Sin embargo, una sola excursionista se preocupó por aquellas pequeñas cosas que podrían suceder, sin importar cuán improbables fueran. Llenó su mochila tanto que hizo que se esforzara y gastara energía extra.

Esto es lo que la preocupación nos hace: nos pone una carga tan pesada que impide que disfrutemos del viaje. La Escritura dice que la preocupación no puede agregar una pulgada a tu estatura ni una sola hora a tu vida (ver Mateo 6:27). ¿Alguna vez has considerado todas las cosas por las cuales te preocupaste que nunca sucedieron? Mark Twain hizo una expresión famosa: "He pasado por algunas cosas terribles en mi vida, algunas de las cuales realmente sucedieron".

Dios no quiere que vivamos de esa manera. Para ser excepcional, tienes que viajar ligera. Pon a un lado las preocupaciones y enfrenta cada día esperando el milagro, buscando la alegría y creyendo en la provisión de Dios.

Hoy será un día grandioso

¿Has oído hablar de los "lunes azules"? Todos nos enfrentamos a ellos en ocasiones. Muchas veces nos levantamos el lunes por la mañana e inmediatamente comenzamos a preocuparnos y temer lo que nos depara la semana. No nos damos cuenta de que toda esa ansiedad lo está empeorando. De hecho, en los lunes se producen más ataques cardíacos que en cualquier otro día. Los investigadores descubrieron que "el pico del lunes" es realmente un pico del "primer día de la semana laboral", y se deriva del estrés que viene cuando regresamos a las preocupaciones de la semana laboral. La investigación también muestra que el viernes es el día más feliz de la semana. Sin embargo, la Escritura dice: "Este es el día que hizo el SEÑOR" (Salmos 118:24, NTV). No tenemos que esperar hasta el viernes para disfrutar de nuestra vida. Si tenemos la perspectiva correcta, podemos disfrutar de la vida incluso el lunes. Cada mañana, incluyendo los lunes, debemos decidir que será un buen día.

He estado casada con Joel por más de treinta años, y cada mañana él declara: "Hoy será un día grandioso". Es importante que establezcamos el tono para el día. Tenemos que resistir la tentación de comenzar preocupados, pensando en lo que está mal y en todo lo que tenemos que lograr. Comienza el día con fe, expresando tus preocupaciones al Señor, confiando en que Él te guíe y dirija tus pasos.

Tengo una amiga que sale todas las mañanas a su porche trasero para ver el amanecer y respirar la bondad de Dios. Nunca lo da por sentado, y expresa su gratitud simplemente diciendo: "Gracias, Padre, por este día".

¿No sería maravilloso si cada una de nosotras despertara con esa sensación de anticipación y gratitud, sin importar dónde vivamos ni qué aspecto tenga nuestra ventana?

La verdad es que todas tenemos un millón de cosas que hacer y cada una de ellas puede generar preocupación y estrés. Tu día será mucho más brillante si declaras que será un buen día, y luego lo comienzas con gratitud. Tómate unos minutos para ver cómo la tenue luz del sol se filtra a través de los árboles, y disfruta de las aves revoloteando aquí y allá. Haz una pausa por un momento. Inhala la bondad de Dios. Disfruta del aroma de ese café recién hecho, y escucha la conversación de tus hijos mientras juegan o una música agradable. Este es el día que hizo el Señor. No te pongas tan ajetreada, ni vayas con tanta prisa que te pierdas la belleza de este día.

Vence la batalla de la preocupación

A lo largo del día, surgirán algunas preocupaciones. Todas tenemos una lista de cosas que cumplir y tareas que deben ser atendidas. Pero no podemos dejar que esas listas nos alejen de lo que es verdaderamente importante. Hay una historia en las Escrituras sobre dos hermanas que recibieron a Jesús en su hogar. Cuando escucharon que Él y sus discípulos venían de camino, debieron haber estado extremadamente emocionadas. Seguro que todos en la ciudad sabían que Jesús venía a su casa. Pero entonces, la realidad de la situación las debió absorber. ¡Había que limpiar y preparar alimentos! Jesús era un invitado de gran honor, y querían que se sintiera cómodo.

Una vez que Él llegó, una de las hermanas, Marta, se enfocó en la cocina, envuelta en todos los preparativos que aún faltaban para alimentar a Jesús y sus discípulos. Ella estaba corriendo frenéticamente tratando de hacer todo perfecto. Estaba tan ocupada con sus tareas, haciendo tantas cosas diferentes, que se olvidó detenerse y disfrutar de la compañía que había en su hogar ese día.

Su hermana, María, sin embargo, se sentó a los pies de Jesús. Ella no iba a perder esta oportunidad de estar en su presencia. Después de un tiempo, Marta se frustró y dijo: "Señor, ¿no te importa que mi hermana me haya dejado sirviendo sola? ¡Dile que me ayude!" (Lucas 10:40).

"Marta, Marta—le contestó Jesús—, estás inquieta y preocupada por muchas cosas" (v. 41). Él no solo la llamó por su nombre una vez, sino que la llamó dos veces. Jesús sabía que ella estaba tan atrapada en su lista de tareas pendientes que estaba perdiendo el momento que tenía frente a ella. No estaba descartando las cosas que debían de hacerse, sino más bien hablaba de cómo ella estaba manejando sus responsabilidades.

Él añadió: "Pero solo una es necesaria. María ha escogido la mejor, y nadie se la quitará" (v. 42). En otras palabras: "Todas las preocupaciones, las crisis, las cosas que te causan estrés, tráelas a mis pies. Permanece en mi presencia, permíteme llenarte". Esa es la mejor manera de manejar la preocupación y el estrés.

La palabra *preocupación* proviene de una antigua palabra inglesa de los años 1500 que significa "estrangular". La preocupación y el estrés literalmente ahogan la diversión de la vida. Puede arrebatarnos esos preciosos momentos que deberíamos disfrutar y hacer que los pasemos por alto. Marta estaba tan molesta y tan presionada que culpó a su hermana, y quería que ella también se preocupara. La preocupación no solo te roba la alegría, sino que cambia tu disposición, hace tensa tu relación, afecta tu actitud y pronto estás extendiendo tus luchas a los demás.

Pablo aconsejó en Filipenses 4:6: "No se preocupen por nada; en cambio, oren por todo. Díganle a Dios lo que necesitan y denle gracias por todo lo que él ha hecho" (NTV). Dios sabe que habrá momentos en que nos sentiremos abrumadas. Pablo no solo dijo, "no se preocupen", sino que nos dio la clave para ganar la batalla de la preocupación. Él dijo: "Oren por todo". En lugar de preocuparte, ora y pídele a Dios que te ayude. Toma tu lista de preocupaciones y hazla tu lista de oración. **Habla con Dios sobre todo lo que te preocupa. Eso es lo que es la oración. Él quiere ayudarnos a través de la vida, pero está esperando que acudamos a Él.** No seas como Marta, estando ocupada y estresada. Tranquilízate e invítalo a tu situación. Agradece que Él está obrando, agradece que Él está peleando tus batallas, agradece que Él es más grande que lo que estás enfrentando. Cuando lo recibas en medio de tus desafíos, tendrás una fuerza que no tuviste antes, paz cuando podrías estar molesto y fe para disfrutar cada momento.

Disfruta cada momento

Puedes estar pensando: *Eso está muy bien, pero no puedo pasar todos mis días sentada a los pies de Jesús. Hay comidas que preparar y mandados que realizar. Tengo clientes que atender y presentaciones que se deben entregar. ¿Cómo puedo hacerlo todo?* Todos queremos ser María, pero tenemos responsabilidades de Marta. Dios sabe que hay que hacer mandados y cumplir horarios de trabajo desafiantes. No obstante, podemos llevar nuestro corazón de María a nuestras tareas de Marta. Las luchas que enfrentó Marta no tenían nada que ver con su lista de tareas pendientes, pero sí que ver con su actitud sobre esa lista de tareas pendientes. Dios quiere que lo invitemos a cada momento de nuestras vidas. Cuando Él esté, tendremos paz en su presencia y nuestra preocupación se convertirá en adoración.

Dios nos creó para que disfrutemos nuestros días y los vivamos al máximo. Él no quiere que estemos atrapadas en preocupaciones, ni quiere que nos apresuremos durante la semana para llegar a los fines de semana. A veces me encuentro apresurándome por hacer cosas para poder llegar a mis partes favoritas del día. Puede que tenga premura para que termine una reunión y poder llegar a mi cita de almuerzo con Joel, o que tenga que esperar a que termine una llamada para poder salir en un hermoso día. Dios no quiere que vivamos de esa manera. *Déjame sacar a los niños de la casa para poder tener paz y tranquilidad. Tan pronto como termine de lavar los platos, es hora de relajarme con una película.*

La Escritura dice en Eclesiastés 9:10: "Todo lo que te venga a la mano, hazlo con todo empeño". Dios quiere que encuentres alegría en tu trabajo, alegría con tus hijos en la casa y alegría en lavar los platos, así como en la película que sigue. Todo depende de cómo mires esas tareas y responsabilidades que pueden comenzar a sentirse como una carga. Él quiere que vivamos cada momento de nuestras vidas como si todavía estuviéramos sentadas a sus pies como María.

El hermano Lawrence, quien vivió hace cientos de años, escribió un libro llamado *La práctica de la presencia de Dios*. Por el título pensarías que el libro se centraría en la oración, la práctica de ayunar y adorar a Dios. En cambio, habla sobre el trabajo que realizó en el monasterio donde vivió. Durante cincuenta años, lavó los platos y reparó las sandalias y los zapatos de los que vivían en el monasterio. Ese era su trabajo diario. No hay nada necesariamente sagrado en lavar platos y arreglar zapatos. Sin embargo, el hermano Lawrence sabía que esto era parte de su compromiso con Dios, para ayudar al monasterio a funcionar sin problemas. Podía apresurarse en hacer esas tareas, ansioso porque llegara el momento de la oración. O más bien, podría encontrar una manera de honrar y adorar a Dios en las tareas que ocupaban la mayor parte de su día. Pronto descubrió que no había diferencia entre su tiempo de oración y adoración y la limpieza de esos platos sucios.

Todo puede ser un momento de devoción, si lo haces en servicio a Dios. Se trata de la motivación detrás de tus acciones. Lavas los platos como si los estuvieras lavando para Dios. Cortas el césped como si lo estuvieras haciendo para Dios. Vas de compras como si fuera una ofrenda para Dios. Cuando pones tus tareas diarias en las manos de Dios y las usas para honrarlo, haces que cada día y cada momento sean excepcionales.

Si cambias la manera en que abordas ciertas cosas que solías considerarlas estresantes, si cambias tu perspectiva, puedes hacer cualquier tarea con gozo. Tengo una amiga que hace un viaje largo hacia su trabajo y que fluctúa dependiendo del tráfico. Ella ha aprendido a convertir eso, que solía causarle ansiedad, en algo que le produce gozo escuchando sermones o podcasts que alientan su espíritu. Ahora espera ese momento en el auto, porque sabe que la va a edificar y preparar para el día. Estoy segura de que hay días en que el tráfico es particularmente lento, en el que la preocupación y la frustración intentan apoderarse, pero como ya le dedicó ese tiempo a Dios, puede poner esas preocupaciones a sus pies, y la paz y el gozo regresan al momento.

Al igual que ella, puedes decidir disfrutar cada parte de tu vida, no solo los fines de semana, ni solo las vacaciones ni aun cuando no tienes ningún problema. Puedes hacer cada momento una ofrenda a Dios.

Libérate del peso de la preocupación

Trabajé con una mujer que tenía un hijo en el ejército fuera del país. Era un infante de marina y su tropa fue asignada para atravesar las pequeñas ciudades de Afganistán y eliminar las fuerzas terroristas. Entrarían en las casas sin saber qué o quién estaba al otro lado de la puerta. Era muy peligroso. Más de una vez se encontraron con artefactos explosivos y otras trampas que estaban destinadas a hacerles daño. Como puedes imaginar, esta madre estaba muy preocupada. Todo lo que podía hacer era pensar en su seguridad. Fue tentada a preocuparse, vivir con miedo y pasar el tiempo pensando en lo que podría pasar. En cierto sentido, ella tenía una buena razón para preocuparse. No hay nada más importante para nosotros que el bienestar de nuestros hijos.

Me di cuenta de cómo esto comenzó a deprimirla. Normalmente

ella era tan alegre y optimista, pero ahora estaba seria y agobiada. La preocupación comenzó a estrangular su pasión y alegría. Le dije que había una mejor manera de manejar esto. La Escritura dice: "Entrégale tus cargas al Señor, y él cuidará de ti" (Salmos 55:22, ntv). Con demasiada frecuencia llevamos cargas, esperando que Dios nos las quite. Pero Dios está esperando que nos liberemos. Es un acto de fe decir: "Dios, te estoy entregando esto. Sé que tienes el control. Tienes a mi hijo en la palma de tu mano. Prometiste que lo protegerías, y no permitirás que su pie tropiece con piedra alguna".

Se necesita la misma cantidad de energía para preocuparse que para creer. Cámbialo. No dejes que tu mente se detenga en lo negativo. Puedes tener una buena razón para preocuparte, pero la preocupación no solo ahoga tu alegría y tu paz, sino que limita lo que Dios hará. Cree que los ángeles están guardándote, cree que las situaciones negativas cambiarán, cree que los sueños se cumplirán.

La alenté a hacer una lista de aquellas escrituras bíblicas que hablan sobre protección y seguridad, así cada vez que surgieran esos pensamientos negativos durante el día, en lugar de preocuparse y deprimirse, podía leerlas y agradecer a Dios por lo que había prometido. "Dios, tú dijiste que ninguna arma forjada contra mi hijo, prosperará. Dijiste que mandas a tus ángeles sobre él para guardarlo. Dijiste que cuando el enemigo venga contra él de alguna manera, lo derrotarás y harás que huya por siete caminos. Dijiste que el número de días de mis hijos están ya contados". Ella tomó sus preocupaciones y, en lugar de darles vida, buscó a Dios y proclamó su verdad. Ella convirtió sus preocupaciones en adoración.

Poco a poco, comenzó a comprometerse con esta práctica.

Noté un cambio en su actitud. Ella recuperó su alegría, tenía energía. La situación no cambió, pero ella cambió la forma en que la manejaba. Por la gracia de Dios, seis años después, su hijo regresó a casa a salvo y hoy tiene una carrera exitosa y está haciendo grandes cosas. Como ella, es posible que tengas una buena razón para preocuparte, pero no muerdas el anzuelo. No dejes que te ahogue. Cuando te sientas tentada, que sirva como un recordatorio para agradecerle a Dios por lo que Él ya prometió. No permitas que la negatividad juegue una y otra vez con tu mente. Haz que tu mente se llene con pensamientos sobre lo que Dios declara. Cuando lo hagas, no solo sentirás que te quitas un peso, sino que también estás activando tu fe. Eso es lo que le permite a Dios hacer cosas asombrosas.

Cuando me siento ansiosa y preocupada, me imagino que estoy sosteniendo un globo de helio. Pongo todas mis ansiedades, miedos, preocupaciones y frustraciones en ese globo. Entonces, en mi mente, suelto la cuerda y dejo ir ese globo. A medida que sube en el aire, veo cómo mis preocupaciones se elevan a Dios. Por eso, el salmista decía que estaba liberándose del peso, al echar sus preocupaciones sobre Él (ver Salmos 55:22). A medida que el globo sube, le digo: "Señor, gracias por tener cuidado de lo que me preocupa. Sé que eres más grande que lo que estoy enfrentando. Padre, confío en ti".

Ahora, a veces tengo un ramillete de globos, y eso también está bien. Los voy soltando, uno por uno. Dios no quiere que mantengamos nuestras preocupaciones. Él dice: "Quiero ser parte de todo lo que te preocupa". Algo sucede cuando imagino ese globo flotando en el inmenso cielo. Me recuerda que mis problemas son pequeños en comparación con lo grandioso que es nuestro Dios.

Mantén la perspectiva correcta

Sea lo que sea con lo que estés luchando hoy, cualquier preocupación que esté absorbiendo tu atención y robando tu alegría, pregúntate si podrías dejarlos a los pies de Jesús. Él tomará nuestras preocupaciones, y es lo suficientemente poderoso como para manejarlas. Si no, considera si estás tomando la actitud de Marta. ¿Te preocupas por cosas, que cuando miras hacia atrás, no parecen ser tan importantes? Mantén la perspectiva correcta. A diferencia de mi amiga con su hijo militar, a veces nos preocupamos por cosas pequeñas. Cuando las colocamos en la perspectiva correcta, nos damos cuenta de que no vale la pena preocuparse.

Escuché de una estudiante universitaria que escribió a sus padres una carta que decía:

> *Queridos mamá y papá:*
>
> *Hubo un incendio en mi residencia y debido al humo que inhalé, desarrollé una enfermedad pulmonar. En el hospital, conocí a un conserje y nos enamoramos. Nuestro bebé está en camino. Después de que mi esposo salga en libertad condicional el mes próximo, estoy planeando dejar la universidad para mudarnos a Alaska.*
>
> > *Espero que ustedes estén bien,*
> > *Su hija que los ama*
> > *P.D.: Nada de esto es cierto, pero sí fracasé en química.*

¿Vale la pena aquello por lo cual te preocupas? ¿Importará en cinco años? No dejes que las pequeñeces de la vida te roben la alegría y te agobien. El día de hoy es un regalo. **Puede que todo no sea perfecto, pero no te pierdas la belleza del momento porque estás preocupada por lo que podría pasar.**

Una vez, Joel y yo nos dimos cuenta de que la ciudad iba a poner reguladores de velocidad (badenes) en la calle donde vivíamos. Había muchos niños pequeños en nuestra calle y, frecuentemente, los autos atravesaban el vecindario conduciendo muy rápido. Varias otras calles en la subdivisión ya los tenían instalados, y cuando lo hicieron, la ciudad también colocó grandes letreros amarillos advirtiendo a los conductores que había un badén por delante. Un día, cuando Joel estaba corriendo, se dio cuenta de que siempre ponían los letreros al frente de la segunda casa después de la esquina. Ahora, nosotros vivíamos en la segunda casa después de la esquina, y estos eran letreros grandes, permanentes. Joel se preocupó tanto porque estos letreros feos se instalarían justo en frente de nuestra casa. Así que fue a las otras casas que los tenían y midió cuán lejos estaban de la esquina. Según sus cálculos, los letreros quedarían justo en nuestra entrada. Durante meses, su preocupación era lo mal que se verían. Intentó pensar en maneras de bloquear la vista desde nuestra casa. Incluso plantó un arbusto grande a unos pocos pies de donde esperaba que estuviera el letrero. Dos años más tarde, pusieron los badenes. Pero cuando vinieron a colocar el letrero, en lugar de colocarlo frente a nuestra casa como las demás, lo pusieron a cuatro casas de la esquina, pero al otro lado de la calle.

Joel pasó dos años preocupándose por algo que nunca sucedió. Mientras tu mente esté en el futuro, pensando en todo lo que pasaría y tratando de averiguar cómo va a funcionar, vas a perderte del gozo presente. ¿Estás preocupada por algo que no ha sucedido? ¿Estás tratando de solucionar un problema que quizá nunca sea un problema? No te pierdas el presente preocupada por el mañana. Si lo que te preocupa *se* cumple, puedes estar segura de que a Dios no le sorprende. Él te dará la gracia para manejarlo. Pero la gracia de hoy no es para mañana. Cuando llegue el mañana, tendrás gracia para ese día, y para el próximo y el siguiente. La misericordia de Dios es nueva cada mañana (ver Lamentaciones 3:23, NTV).

Vive este día con fe, confiando en que Dios está en control. Él sabe lo que necesitas. La Escritura dice que un gorrión no se cae al suelo sin que nuestro Padre celestial lo sepa (ver Mateo 10:29). ¿Cuánto más se preocupa Él por ti? Te hizo a su propia imagen. Él conoce a lo que te enfrentas, tus desafíos, tus preocupaciones. Él ve lo que está pasando con tu salud. Él sabe lo que está pasando con tus hijos. La buena noticia es que Él ya tiene la solución. Quédate en paz. Dios te está cuidando.

Tal vez necesitas liberar algunos globos, soltar esas preocupaciones que pesan sobre ti. Él es lo suficientemente poderoso como para manejarlas. Cambia tu perspectiva y deja de preocuparte por problemas que nunca podrían surgir. Levántate cada mañana y haz la declaración: "Hoy será un buen día". Cuando lo ponga en práctica, vivirás la vida excepcional que te pertenece.

PENSAMIENTOS EXCEPCIONALES

✦ El día de hoy es un regalo que disfrutaré. Quiero vivir preparada, pero las preocupaciones que roban mi alegría de la jornada de este día no me agobiarán.

✦ Hoy me enfocaré con una actitud de anticipación y gratitud. No me quedaré atrapada en mi lista de tareas pendientes como para no disfrutar de la belleza del presente.

✦ No esperaré hasta los viernes para disfrutar de mi vida. Todos los días los ha hecho el Señor, y establezco el tono de cada día al declarar con fe: "Hoy será un día grandioso".

✦ Traeré todas las preocupaciones, las crisis y las cosas que me causan estrés a los pies de Jesús y se las entregaré. En su presencia recibiré plenitud de paz y gozo. Convertiré mi preocupación en adoración y mi lista de preocupaciones en mi lista de oración.

✦ No me preocuparé por algo que no haya ocurrido, ni trataré de solucionar un problema que quizás nunca sea un problema. Tendré la gracia de manejar lo que se me presente cuando sea necesario.

✦ No viviré apresurándome en las cosas que no disfruto para poder llegar a las que disfruto. Buscaré formas de encontrar el gozo en todo lo que hago y viviré mis días al máximo.

✦ Haré que cada día y cada momento sean excepcionales, poniendo mis tareas cotidianas en las manos de Dios, haciéndolas como para Él y convirtiéndolas en momentos de devoción.

Ama de verdad

CAPÍTULO 9

Juntos mejor

Mi madre es una de las personas más alentadoras que he conocido jamás. Cuando era pequeña, la veía alentar sinceramente a personas cada día. Mediante su ejemplo nos enseñó a mi hermano y a mí no solo a buscar lo mejor en los demás, sino también a hacer depósitos de aliento en sus vidas. Ella era buena utilizando sus palabras para edificar a las personas e impartir una bendición. Siempre me decía: "Victoria, hay algo especial en cada persona que conozcas, solo necesitas tomar el tiempo para buscarlo y decírselo".

El algo especial no tenía que ser grande; podía ser una chispa en los ojos de alguien, o el brillo de su sonrisa, o el trabajo bien hecho en una tarea sencilla. Ella sabía que incluso un sencillo elogio tiene un gran poder; puede ayudar a alguien en su día. Establece el hábito de encontrar esa cosa buena en las personas que hay en tu vida.

Una de mis amigas me oyó compartir que mi madre me enseñó a encontrar maneras de elogiar a los demás. Decidió que quería ser ejemplo de esta práctica para su hija de ocho años, esperando que encontraría maneras sencillas pero poderosas de alentar a personas cada día. Poco después, le presentó a su hija a una mujer en la iglesia. Su hija dijo "hola" con aplomo y educación; y entonces, un segundo después dijo: "Me gustan sus uñas". Esa niñita aprendía con rapidez. Nunca se es demasiado joven o demasiado vieja para alentar a alguien y hacer que su día sea un poco más brillante.

Extiende ampliamente tus palabras de aliento. Tus palabras pueden literalmente hacer que alguien se ponga de pie. Tus palabras tienen el poder de mantener fuerte a esa persona y darle confianza.

La Escritura dice que nos alentemos mutuamente cada día, mientras tengamos el hoy. ¿Has alentado a alguien hoy? Cuando Dios dice que nos alentemos mutuamente cada día, tiene lugar un intercambio. No solo damos aliento sino que también ese aliento nos regresará a nosotras. Cuando nos convertimos en alentadoras, hacemos que otros se eleven y también nuestras vidas avanzan a nuevos niveles.

> *Tenemos el poder de edificarnos mutuamente, cada día, de recordarnos la bondad de Dios los unos a los otros.*

Tenemos el poder de edificarnos mutuamente, cada día, de recordarnos la bondad de Dios los unos a los otros. No retengamos esas palabras alentadoras, sino busquemos maneras de llevar el amor de Dios a nuestros seres queridos y a nuestras propias vidas.

Levántate

Años antes de que muriera el padre de Joel y antes que se hiciera cargo del ministerio, yo le decía con frecuencia que él era una persona muy disciplinada e inteligente. Encontraba maneras de elogiar su dedicación y compromiso. Cuando estaba leyendo mi Biblia, a veces sentía que el Señor me daba versículos concretos para Joel. Parecían saltar de la página y yo sabía que era algo que Joel necesitaba oír. Los escribía y los ponía en lugares donde sabía que él los encontraría. Él siempre me daba las gracias y me decía que mi seguridad y mi apoyo le daban una tremenda confianza y perseverancia, pero yo no entendía el impacto que ese aliento tendría en mi propia vida. Joel me dice hasta el día de hoy que una de las razones por las que sintió que podía dar el paso y tomar las riendas cuando su padre falleció es por todo ese tiempo en que yo lo alenté. Todas las veces que le dije lo que él podía hacer y en lo que se estaba convirtiendo.

Cuando él dio el paso, nuestra familia dio el paso. Cuando él avanzó, toda nuestra familia avanzó. Cuando asciende el agua en el puerto, los barcos también ascienden. No retengas palabras de aliento, porque siempre regresarán a ti. La Biblia dice: "El que es generoso prospera; el que reanima será reanimado" (Proverbios 11:25). Cuando declaramos aliento a otros, no solo les soplamos el amor de Dios sino también soplamos el amor de Dios a nuestra propia alma.

Creo que uno de los mejores lugares para poder comenzar a practicar esta sencilla verdad es en tu propio hogar. Diles a las personas que hay en tu vida cuánto significan para ti. Cambia la atmósfera en tu hogar alentando a tu cónyuge y a tus hijos. Demasiadas personas destacan las cosas que están mal; es momento de destacar lo que está bien, lo que la otra persona hace

> *Aporta valor a las vidas de quienes te rodean sorprendiéndolos cuando hacen las cosas bien.*

bien. Aporta valor a las vidas de quienes te rodean sorprendién-
dolos cuando hacen las cosas bien. Cualquiera puede ver el error;
no es muy difícil desalentar. Las personas no siempre están a la
altura de nuestras expectativas. Todos tenemos defectos. Seamos
personas dispuestas a sorprender a otros haciendo lo correcto.
Impartimos valentía, ampliamos su osadía, ¡y les ayudamos a
sentir que pueden vencer!

El otro día me encontré con una amiga a la que conozco ya
por varios años. Ella es una mujer inteligente y talentosa, que
tiene una personalidad fuerte y puede ser bastante testaruda. Me
estaba hablando de una discusión reciente que había tenido con su
esposo. Cuando comencé a escuchar la razón de la discusión, me
di cuenta de que esa no era la primera vez que me había contado
una historia como esa. Como había hecho varias veces antes,
terminó la historia diciendo cómo ella lo había zanjado.

Cuando miré la sonrisa en su cara que parecía dar a entender
que tenía una sensación de logro, le hice una sencilla pregunta:
"¿Crees que tu esposo es un perdedor?".

Ella me miró con asombro y dijo inmediatamente: "No". Pasó
a explicar que él era muy exitoso, y estaba a punto de recibir otro
ascenso.

Yo asentí con la cabeza, y dije: "¿Quién gana la mayoría de
las discusiones en casa?".

"Yo", dijo rápidamente. Pero entonces se dio cuenta de la
expresión de mi cara. Debido a que tenía el hábito de destacar
todo lo que su esposo hacía mal, lo estaba convirtiendo en el
perdedor. Sencillamente, él era un ganador en el trabajo, pero en
su casa siempre perdía. ¡Nadie quiere ser un perdedor en su casa!
Queremos ayudar a nuestros seres queridos a sentirse ganadores,

¡porque eso es lo que son! Somos llamadas a alentarlos, a animarlos, y a edificarlos.

Necesitamos buscar maneras en que podamos ser animadoras en las vidas de nuestros seres queridos. Pensemos en las animadoras que están en las bandas de un partido de fútbol. Ellas no bajan sus pompones cuando marca el otro equipo; no se alejan caminando cuando se cometen errores, ¡animan más fuerte! Las palabras del ánimo podrían cambiar, pero no dejan de animar. Saben que sus palabras de aliento pueden empujar al equipo para que dejen a un lado sus errores y avancen hacia marcar un gol ganador.

Somos llamadas a ser animadoras, alentadoras, y a amarnos bien mutuamente. Es así como producimos la bendición de Dios en nuestras vidas.

Tienes un superpoder

Puedes literalmente derrotar el poder del enemigo en la vida de alguien mediante tu ánimo. El enemigo quiere traer el desaliento. Él quiere arrebatar la valentía y sustraer lo que Dios está haciendo. Cuando nos alentamos unos a otros, resulta ser un arma que derrota las estrategias del enemigo. Nos convertimos en superheroínas cuando entendemos el poder que contiene el ánimo. Tus palabras y tus acciones son como armas que pueden producir sanidad e integridad a otra persona. La Escritura dice que debemos alentarnos los unos a los otros diariamente... para que el engaño no endurezca nuestros corazones. El aliento puede llevar luz a situaciones oscuras, y renovar nuestro espíritu cuando nos sentimos tentadas a ceder a la desesperación.

En Houston hemos tenido incontables inundaciones en los últimos años que han sido devastadoras para nuestra comunidad. Muchas personas del equipo en la iglesia han tenido que abandonar sus casas rápidamente sin advertencia previa. Tienen que irse con tanta rapidez que ni siquiera pueden tomar tiempo para llevarse nada con ellos. Las crecidas de las aguas llegan arrasando y es cuestión de vida o muerte llegar a las barcas de rescate.

Uno de los miembros de nuestro equipo me habló de cuán desalentada estaba mientras estaba sentada en el refugio. Estaba agradecida por estar a salvo, pero se sentía muy abatida porque su casa estaba siendo destruida junto con todas sus posesiones terrenales. No podía evitar sentirse derrotada y sola.

Cuando varios días después por fin pudieron regresar a su casa, fue incluso peor ver que sus peores temores se habían hecho realidad. Había muchos daños, y tendrían que comenzar de nuevo. Mientras revisaban entre los escombros, la ropa empapada y la destrucción, su esposo dijo: "Tenemos que cambiar nuestro enfoque y acudir a la iglesia a comenzar a distribuir provisiones y ayudar a otras personas". Él hacía todo lo posible por apartar la atención de su pérdida y convertirse en una bendición para otras persona.

Pero su esposa no podía ni imaginar irse para ayudar a otros. Dijo: "¡No puedo! Ni siquiera tengo ropa limpia, ni maquillaje, ni un cepillo para el cabello, ni nada con lo que peinarme. Ni siquiera puedo bañarme para sentirme limpia". Se iba hundiendo cada vez más profundo en la desesperación. Nada era normal, ella no podía creer todo lo que le había sido arrebatado, y no estaba segura de cómo podría salir adelante.

Y entonces oyó una voz familiar. Levantó la vista para ver a unos amigos cuyas casas se habían librado de las crecidas. Se habían acercado para ver qué podían hacer para ayudar, pero no habían llegado con las manos vacías. Su amiga puso en sus manos una bolsa con maquillaje; había reunido todo lo esencial, las sombras de ojos adecuadas, para ayudar a su amiga a comenzar a sentirse ella misma otra vez.

Ese acto de aliento fue lo que esta mujer necesitaba para dar el paso siguiente. Es lo que necesitaba para salir adelante y alejarse del lugar de desesperación. Ese sencillo acto de ponerse maquillaje y peinarse el cabello le dio valentía y perspectiva. Le dijo a su esposo: "Cariño, supongo que ahora estoy lista para ir a la iglesia y ayudar a otros".

Su amiga apareció aquel día como una superheroína en su defensa. Su amiga no podía cambiar el hecho de que el agua hubiera inundado su casa, pero pudo convertirse en parte de la sanidad y la restauración en la vida de su amiga. Impartió valentía a esa mujer. A veces, alentar es tan sencillo como aparecer con una escoba o una bolsa de maquillaje. Esos pequeños actos pueden causar un potente impacto. Eso es lo que significa amar de verdad.

Eclesiastés lo dice de este modo: "Es mejor ser dos que uno, porque ambos pueden ayudarse mutuamente a lograr el éxito. Si uno cae, el otro puede darle la mano y ayudarle" (4:9-10, NTV). Dios no está hablando solo de una relación matrimonial; está hablando de alcanzar a aquellos que nos rodean. Esa es la manera saludable de vivir. Esa es la manera que Dios diseñó. Somos mejores juntos. Dios ha ordenado personas en tu vida para que tú las fortalezcas y también personas que te fortalezcan a ti. Ninguna de nosotras ha llegado donde está por sí sola. Todas hemos recibido ayuda, apoyo y aliento en el camino.

Somos mejores juntos. Dios nos diseñó para vivir en comunidad. Hay veces en que sentimos que es más fácil hacer las cosas por nosotras mismas y sin necesitar ninguna ayuda. Las personas pueden ser difíciles y desafiantes a veces, pero no llegarás a tu máximo potencial tú sola. Has visto a las aves volar en formación; hacen eso porque les hace más fácil el viaje. Utilizan un cuarenta por ciento menos de energía cuando vuelan juntas. Podrían volar solas, pero entienden que llegan más lejos y con menos luchas cuando están juntas.

Más de treinta veces en la Escritura se utiliza el término *unos a otros*. Ámense unos a otros. Aliéntense unos a otros. Sírvanse unos a otros. Consuélense unos a otros. Necesitas que "unos a otros" estén cerca de ti. No te aísles y pienses: *Bueno, yo soy bastante fuerte. Soy bastante dura. Soy bastante talentosa para estar sola.* Quizá lo seas para lo que *tú* tienes en mente pero no para lo que *Dios* tiene en mente. Él tiene algo mayor, algo más satisfactorio de lo que puedes hacer tú sola. ¿Estás volando en solitario? ¿O tienes una comunidad de fe? ¿Tienes personas volando contigo, cuidándote, alentándote, inspirándote?

Todo el tiempo me encuentro con personas que me siguen hablando de mi mamá y de cuán alentadora era ella y cómo les hacía sentir. Conozco a personas que van a la joyería solamente para verla y así poder recibir un depósito de aliento. Yo quiero ser como mi mamá. Quiero que las personas tengan la sensación de que se van mejor que cuando llegaron. Tú tienes algo que ofrecer que ninguna otra persona puede dar. Alguien necesita tu aliento. Alguien necesita saber que crees en él o ella y que crees que puede tener éxito. No podemos obsesionarnos con cómo podemos mejorar nuestra vida, cómo podemos avanzar y tener éxito. Deberíamos estar siempre dispuestas a tomar tiempo

> *Tú tienes algo que ofrecer que ninguna otra persona puede dar.*

para mejorar la vida de otra persona. Nuestra actitud debería ser: ¿a quién puedo alentar hoy? ¿A quién puedo edificar?

Un día entré en la casa y Joel estaba sentado en el sofá mirando su teléfono. Me senté en silencio durante unos minutos mientras él escribía un mensaje de texto. Cuando terminó, le pregunté qué hacía, y me dijo que le gusta mirar de vez en cuando los contactos que tiene en su teléfono y pedirle al Señor que ponga en su corazón quién necesita ser alentado. "Le envío un mensaje de texto, o un correo, o agarro el teléfono y le hago una llamada". Era cuestión de práctica para Joel buscar maneras de alentar a las personas.

Si hoy te sientes desalentada, si te sientes desanimada, alienta a otra persona; da un empujón a alguien. Yo creo que este es el principio de la siembra y la cosecha en acción. Cuando das un paso para ayudar a otra persona, en realidad te estás ayudando a ti misma, estás sembrando semillas de felicidad en tu futuro.

Fortalece tus raíces

El enemigo quiere producir división y discordia en tus relaciones. Trabajará tiempo extra para mantenerte molesta por lo que alguien dijo o lo que hizo. El apóstol Pablo aconseja: "Esfuércense por mantener la unidad del Espíritu mediante el vínculo de la paz" (Efesios 4:3). Está diciendo que tenemos que *decidir* mantener la unidad. Busca maneras en que puedes acercar a las personas y amarlas bien. La Biblia dice que bienaventurados son los pacificadores. *Pacificadores* es una palabra compuesta. La paz no llega

> *Hacer la paz significa buscar las maneras en que puedes alentar a las personas y unirlas.*

porque sí; tienes que hacer la paz. Hacer la paz significa buscar las maneras en que puedes alentar a las personas y unirlas. No es fácil o sencillo tener relaciones; se requiere esfuerzo y determinación, pero vale la pena. Y cuando vivimos en unidad, tenemos una base más fuerte para soportar las tormentas de la vida.

Una joven en nuestra iglesia había tenido una mala relación con su madre por más de un año. Su madre le había dado a su hermana algo que ella valoraba realmente, y se sintió poco apreciada y dejada fuera. La joven estaba tan herida por el incidente que le dijo a su madre palabras desagradables, y no se habían hablado desde entonces. Su madre se había acercado a ella varias veces, pero esta joven siempre ignoraba sus llamadas.

Un día, me confió lo que había estado sucediendo. "Victoria", dijo con indignación, "siempre he tenido la sensación de que mi hermana es la favorita de mi madre, y esto solo pareció verificar esa sensación. No puedo evitar sentirme increíblemente herida". Hizo una pausa y sus ojos se llenaron de lágrimas. "Pero no puedo negar que extraño a mi madre y sé que debería perdonarla, pero siento que han sucedido demasiadas cosas, y no sé qué hacer".

Yo le agarré la mano y la sostuve entre las mías. Ella estaba batallando con sus impulsos humanos de alimentar esa herida y guardar ese rencor. Sabía que tenía que perdonar y ser una pacificadora. Por eso me había apartado a un lado para hablar.

"Si te acercas a tu madre y haces las paces, entonces la paz llegará a tu vida", le dije. "Quizá sea difícil, pero es sencillo".

Un mes después volví a ver a esa joven. Se acercó a mí enseguida para hablar conmigo. Finalmente había reunido la valentía para llamar a su mamá y decirle que lamentaba las cosas horribles que le había dicho. La llamada telefónica fue muy bien y ella compró un billete de avión para visitar a su madre. Acababa de regresar y estaba llena de alegría por haber reavivado su relación con su madre cuando recibió una llamada telefónica inesperada. Era su tía. A su mamá le habían diagnosticado cáncer. Ella no había querido decírselo a su hija porque estaban comenzando a recuperar su relación, y no quería cargarla con esas malas noticias.

Esta joven me dijo que ya tenía planeado otro viaje para visitar a su madre. Había llamado a su mamá inmediatamente, había orado con ella, sabiendo que necesitaba todo el amor y el aliento que pudiera recibir al enfrentar aquella prueba.

Durante los dos años siguientes, esta joven se convirtió en la alentadora y fuente de apoyo de su madre. Hablaba con ella diariamente por teléfono, y viajó para verla numerosas veces. Su madre finalmente recibió la noticia por la que habían estado orando: que el cáncer estaba remitiendo. Lo celebraron juntas, alegres por la sanidad de Dios, por el cuerpo de su madre y por su relación.

Cada vez que veo a esta joven me da las gracias por el consejo que le di aquel día. Por alentarla a ser una pacificadora en lugar de guardar rencor, por dejar a un lado un pequeño desacuerdo a cambio de una relación renovada que les dio vida a las dos.

Fuimos creadas para vivir con otros, y cuando vivimos con la comunidad de apoyo que Dios nos ha otorgado, podemos enfrentar el diagnóstico y la tragedia, las tormentas de la vida, con más fortaleza porque no las enfrentamos solas.

¿Sabías que las gigantescas secoyas rojas en el norte de California que llegan a una altura de

> *Fuimos creadas para vivir con otros, y cuando vivimos con la comunidad de apoyo que Dios nos ha otorgado, podemos enfrentar el diagnóstico y la tragedia, las tormentas de la vida, con más fortaleza porque no las enfrentamos solas.*

350 pies (105 metros) y una anchura de 22 pies (7 metros) están sostenidas en la base por raíces que descienden solamente cinco o seis pies (1-2 metros) en la tierra? Ahora bien, parece imposible dado la altura que tienen, que sus raíces no sean muy profundas; pero en lugar de que crezcan profundo en la tierra, las raíces de la secoya se extienden a lo ancho. A veces se extienden hasta cien pies (30 metros) del árbol. Tienen una amplia base de apoyo, no solo por lo que se extienden las raíces sino también porque crecen en grupos de árboles llamados *arboledas*. Las raíces de estos árboles se entrecruzan e incluso se fusionan con raíces de otros árboles. Esta red de apoyo les da una fuerza tremenda para soportar fuertes vientos y grandes inundaciones. Debido a que sus raíces se entrelazan, comparten nutrición y un árbol ayuda a alimentar el siguiente, lo cual les ayuda a sobrevivir en periodos de sequía.

Si pudiéramos estar tan unidas en nuestras vidas como lo están estos árboles, creo que podríamos soportar cualquier tormenta y sequía de la vida. ¿Con quién estás entrelazada hoy? No destruyas tus raíces. Mantenlas fuertes y alimentadas para que así puedas vivir en comunidad, en paz, y con la fuerza y las bendiciones de Dios.

Unidas soportamos

Cuando pensamos en esa fuerte red de raíces de las secoyas, están posicionadas tan juntas que no se puede diferenciar un grupo de raíces de otro. Se están tocando, ya no están separadas sino unidas. Así nos llama Dios a estar. Él nos creó para estar en comunidad, juntas, entrelazadas.

En la Biblia vemos repetidamente a personas acercándose unas a otras para cambiar sus vidas. Los padres bendicen a sus hijos, a menudo mediante el acto de poner físicamente sus manos sobre sus cabezas. En Mateo 19, los padres llevaban a Jesús a sus hijos para que les impusiera las manos, orase por ellos y les transfiriera bendiciones. Él dijo: "¡Dejen que los niños vengan a mí!". La mujer con el flujo de sangre que se acercó a Jesús en fe fue sanada por acercarse y tocar el borde de su manto.

Un abrazo, un apretón de manos, un choque de manos son gestos sencillos que pueden adoptar propiedades curativas que pueden alentarnos y unirnos en amor.

> *Un abrazo, un apretón de manos, un choque de manos son gestos sencillos que pueden adoptar propiedades curativas que pueden alentarnos y unirnos en amor.*

El toque es el primer lenguaje que entendemos. Antes de que un bebé pueda entender nuestras palabras, siente nuestro amor mediante nuestro toque. La investigación muestra que cuando un niño es abrazado y acunado, eso afecta su desarrollo emocional y físico de manera positiva. Ese toque provoca sentimientos de seguridad, permitiéndole convertirse en un niño fuerte y seguro de sí mismo. Cuando los niños no tienen el toque que necesitan, sus cuerpos y cerebros están carentes de eso, y ellos no se desarrollan con normalidad.

Los médicos saben cuán esencial es el toque para nuestro desarrollo en los primeros meses, y por esa razón cuando los bebés nacen prematuros y tienen que pasarse meses en incubadoras, se aseguran de que los bebés reciban el toque. Con frecuencia tienen personas voluntarias que agarran a los bebés cuando sus padres están fuera, porque el equipo de enfermeras sabe que el toque es curativo, que el toque es verificador, el toque nos ayuda a sentirnos conectados con el mundo que nos rodea.

Escuché la historia de dos gemelos que nacieron prematuros y los llevaron a la unidad de cuidados intensivos, con cada bebé en una incubadora diferente. Uno de los gemelos iba bien, y crecía del modo en que debía hacerlo, pero el otro no estaba creciendo. El equipo de enfermeras comenzó a preocuparse por él, y finalmente una de ellas sugirió que trasladaran al bebé a la misma incubadora que su hermano. Habría poco espacio, pero esos bebés estaban acostumbrados a compartir espacio en el vientre de su madre, de modo que no sería tan diferente. Quizá eso ayudaría.

Pusieron al bebé más desarrollado en la incubadora con su hermano. Él se acercó a su hermano y sin que ninguna de las enfermeras lo empujara, tocó la mano de su hermano. Ese toque sanador hizo que el ritmo cardíaco del bebé disminuyera, y su presión sanguínea regresó a la normalidad. Con el tiempo fue subiendo de peso y comenzó a crecer. Lo dieron de alta del hospital como un bebé sano.

El toque puede impartir bendición. Cuando el patriarca Isaac era un hombre anciano y quiso transferir una bendición a su hijo Jacob, dijo: "Acércate a mí". Abrazó a su hijo antes de bendecirlo. Hay poder cuando abrazamos a alguien con amor. No digas: "Bueno, mis hijos saben que los amo". Quizá eso sea cierto, pero no quiero que te pierdas la bendición. No subestimes lo mucho que un abrazo puede acercarlos. Siempre le recuerdo a Joel que abrace a nuestros hijos. Yo abrazo por naturaleza, y me criaron en una familia más afectuosa, de modo que impulso a Joel a seguir impartiendo su bendición a sus hijos mediante ese toque, aunque en la actualidad son personas adultas. ¡Hay una bendición espiritual transferible en ese abrazo! Sana, conecta y une.

Leí un artículo sobre Tom Herman, el entrenador principal de fútbol americano de la Universidad de Texas. Es famoso por trabajar duro para inspirar a sus jugadores e involucrarse profundamente en sus vidas. Pero hay una cosa que hace antes de enviar a sus jugadores al campo para un partido. Le da a cada jugador, uno a uno, un gran abrazo de oso. Esta no es una conducta típica para un entrenador de fútbol americano, un deporte que es conocido por su dureza física y su espíritu agresivo. Pero en la entrevista a ESPN, él explicaba que cuando les daba el abrazo de oso, les dejaba saber: "Estoy orgulloso de ustedes, creo en ustedes, ya estoy loco por verlos jugar".[2] Él no siempre conoce el trasfondo familiar de su jugador. Algunos jugadores dicen que fue la primera vez que un hombre les ha dado un abrazo. Pero ese entrenador quería que ellos sintieran la bendición de un amor profundo y firme. Él estaba diciendo: "Cuando esos muchachos salen a la batalla en el campo ese día, nos ayuda a lograr la victoria cuando saben que son aceptados y amados".

De hecho, el entrenador Herman dice que él se crió en el núcleo del lado italiano de la familia de su madre. Eran una familia donde incluso los tíos se abrazaban cada vez que se veían. Él conocía el poder de ese tipo de bendición y la sensación de aliento, validación y amor que podía impartir. Él transmitía ese legado de aceptación, apoyo y fuerza a la familia de su equipo de fútbol.

El toque no solo imparte bendición espiritual, sino que también envía un mensaje poderoso. Comunica aceptación personal. Si yo extiendo mi mano y te toco, estoy comunicando que no hay ninguna barrera entre tú y yo. Eso nos lleva a la unidad. Jesús asombró a los discípulos cuando se acercó y tocó a un leproso para sanarlo. Todo el mundo sabía que no se podía tocar a los leprosos. Su enfermedad era contagiosa, razón por la cual estaban

> *El toque no solo imparte bendición espiritual, sino que también envía un mensaje poderoso.*

apartados en enclaves fuera de la ciudad. Pero Jesús derribó esa barrera y quiso que ese leproso se sintiera alentado y aceptado. Lo tocó y después fue sanado.

O pensemos en la parábola del hijo pródigo. El hijo había tomado su herencia, la había malgastado y terminó sin nada. Cuando finalmente decidió que era el momento de regresar a casa, sabía que no podía esperar ser bienvenido como un hijo amado. En cambio suplicaría una oportunidad de ser un jornalero en la casa de su padre.

Lo que el hijo no sabía era que su padre lo extrañaba tanto que estaba fuera de su casa cada día, mirando al horizonte y esperando que regresara su hijo querido. Cuando ese padre finalmente vio la silueta de su hijo desde lejos, levantó su manto y corrió hacia él, abrazándolo por el cuello y dándole besos de alegría. Cuando el hijo se derrumbó en el abrazo de su padre, sintiendo su amor y aceptación, toda la vergüenza y las inseguridades que el joven albergaba se disiparon. En su toque amoroso y sanador, su padre estaba proclamando: "Te amo y te perdono. No hay distancia entre nosotros. La barrera ha sido derribada. Tú eres mi hijo, y te bendigo". Creo que aquel joven nunca se sintió igual consigo mismo. Tenía la bendición de su padre. Era bienvenido otra vez a la unidad. Fue amado de verdad.

Dios nos ha diseñado para estar en comunidad, para amarnos unos a otros, alentarnos unos a otros y ayudarnos mutuamente a elevarnos por encima de las dificultades que lleguen a nuestro camino. Tú fuiste creada para ser una parte de este sistema, una red de raíces que te mantendrá fuerte durante las tormentas y te alimentará durante las sequías. Sé una alentadora cada día y observa a tu comunidad crecer fuerte, alta, y capaz de soportar cualquier ataque del enemigo.

PENSAMIENTOS EXCEPCIONALES

✦ Tomaré el tiempo y buscaré ese algo especial en cada persona que conozca, y les daré depósitos de aliento mediante elogios sencillos y palabras amables.

✦ Usaré mis palabras para renovar a otros. Sé que mi aliento sopla el amor de Dios en el alma de alguien, y esas mismas palabras soplan vida a mi propia alma.

✦ Cambiaré la atmósfera en mi hogar decidiendo amar de verdad. Observaré las cosas buenas en mi familia, y las alentaré. Los animaré y mantendré una actitud positiva a pesar de lo que esté sucediendo en sus vidas.

✦ Buscaré maneras de llevar el amor de Dios a las personas. Utilizaré mis palabras y acciones para llevar sanidad a otra persona, porque mis palabras puede que sea precisamente lo que necesita.

✦ No me aislaré y pensaré que soy bastante fuerte y bastante talentosa por mí misma. Seré parte de una comunidad de fe, una comunidad de apoyo donde nos amemos unos a otros, nos sirvamos unos a otros y nos consolemos mutuamente. Entrelazaré mis raíces con las de otros y crearé paz y unidad en lugar de división.

CAPÍTULO 10

Conviértete en una bendición

A veces estamos tan ocupadas con nuestras propias vidas que apenas si nos damos cuenta de las personas que nos rodean. Tenemos empleos, familias, y una larga lista de otras responsabilidades que pueden mantenernos tan enfocadas en lo que tenemos que hacer que nos olvidamos de que Dios nos ha llamado a amar de verdad. No solo a las personas en nuestra familia, sino también a aquellos que Dios trae a nuestro camino y que puede que estén sufriendo. Hay personas a tu alrededor que están desalentadas y se sienten solas; necesitan que alguien les dé esperanza, les muestre amor, y les ofrezca una mano de ayuda. Necesitamos ser personas que muestran compasión.

Más que nunca, este mundo necesita ver y experimentar el amor y la bondad de Dios. Si hay algo de lo que carece nuestra sociedad en la actualidad, es de personas que amen incondicionalmente y tomen tiempo para ayudar. Para ser excepcionales, Dios quiere que seamos personas que estemos dispuestas a abrir nuestros corazones de compasión y seguir el flujo divino de amor de Dios.

La Escritura dice: "Si alguien...ve que su hermano está pasando necesidad, y no tiene compasión de él, ¿cómo se puede decir que el amor de Dios habita en él?" (1 Juan 3:17). Todas tenemos un corazón de compasión, pero notemos que el versículo indica que nuestro corazón puede estar cerrado o puede estar abierto. Podemos ser conscientes de las necesidades de otros y ayudarles o podemos cerrarnos, enredadas en nuestros propios planes y no estando dispuestas a ser incomodadas. Una de las razones por las que tenemos tanta división en nuestro mundo actualmente es porque hemos cerrado nuestros corazones de compasión. No fuimos creadas para enfocarnos hacia adentro, interesadas únicamente en nuestras propias necesidades y sueños. La plenitud de la vida llega cuando mantenemos abiertos nuestros corazones al modo en que Dios podría querer utilizarnos para extender su amor y su consuelo a las personas que nos rodean.

> *La plenitud de la vida llega cuando mantenemos abiertos nuestros corazones al modo en que Dios podría querer utilizarnos para extender su amor y su consuelo a las personas que nos rodean.*

El poder de un acto sencillo

Había un video clip que se hizo viral de una niña pequeña que veía una película de animación por primera vez. Su mamá la estaba grabando mientras ella veía una película donde un bebé dinosaurio se había caído y se había hecho daño. La niñita estaba llorando porque sabía que el dinosaurio estaba triste, y eso también le ponía triste a ella. Entonces gritó: "¡Quiere a su mamá!", y comenzó a gritarle a ese dinosaurio: "¡Llama a mamá! ¡Llama a mamá!". Aquella pequeña sabía que las mamás pueden arreglarlo todo. En su corazón quería ayudar a ese dinosaurio y alentarlo.[3]

Ella estaba mostrando nuestro corazón natural de compasión. La compasión es ser consciente de lo que siente la otra persona, preocuparnos y mostrar que nos interesamos. Cuando tu corazón compasivo está abierto y ves a alguien que en necesidad, sientes su dolor, como esa niñita, y tomas tiempo para consolarla. Cuando alguien está desalentado, sientes ese desaliento y actúas para aliviar ese sentimiento de alguna manera. No solo pasas rápidamente y dices: "Dios te bendiga. Espero que mejores". Te pones en el lugar de la otra persona, tomas tiempo para ella y haces lo que puedas para ayudar.

Jesús contó una parábola sobre un hombre que fue golpeado, le robaron y lo dejaron como muerto a un lado del camino. Un sacerdote pasó por allí, vio al hombre y cruzó al otro lado del camino para evitarlo. Entonces pasó un levita, y también vio al hombre, cruzó al otro lado y siguió por su camino. Después llegó un samaritano por el camino, vio al hombre, tuvo compasión de él, pero contrario a los demás, se detuvo para ayudarlo. Vendó sus heridas, lo puso sobre su burro y lo llevó a un lugar para que se recuperara. Se ocupó de él en la noche y le dio dinero al posadero diciendo que regresaría más adelante para pagar cualquier gasto adicional. Todas estamos ocupadas viviendo nuestras propias vidas. Incluso el samaritano debió haber estado ocupado. Tuvo que irse para ocuparse de alguna otra cosa, pero no antes de haber derramado su compasión sobre aquel hombre herido. Las sencillas palabras de Jesús al pueblo fueron: "Ve y haz tú lo mismo".

Jesús no puso al sacerdote como ejemplo; no puso al levita como ejemplo. Puso al samaritano como ejemplo para que lo sigamos. Estaba diciendo que un corazón abierto de compasión

> *Somos llamados a mostrar misericordia a todas las personas, a amar a nuestro prójimo y mantener nuestros corazones abiertos a las necesidades que nos rodean, a pesar de cuán ocupadas estemos.*

es lo que todos somos llamados a tener. Somos llamados a mostrar misericordia a todas las personas, a amar a nuestro prójimo y mantener nuestros corazones abiertos a las necesidades que nos rodean, a pesar de cuán ocupadas estemos.

No tienes que realizar grandes actos de servicio. Dios quiere que estemos alertas a las pequeñas maneras en que podemos hacer el bien.

Una tarde muy fría en Chicago, una mujer se dirigía a su casa en el tren. Todo el mundo iba muy abrigado con sus chaquetas y botas de invierno mientras se subían al vagón del tren. Entre todas aquellas personas, ella se sentó enfrente de un hombre mayor que parecía sin techo. Su ropa estaba rasgada y desgastada, y sus zapatos desgastados apenas cubrían sus pies hinchados. Los talones estaban tan desgastados que parecían un par de patines sobre zapatos sin ninguna protección para el clima tan frío. Llevaba puestos varios pares de calcetines para intentar mantener sus pies calientes, pero estaban deshilachados. El tren iba lleno de personas que se ocupaban de sus propios asuntos, miraban sus teléfonos o leían sus tabletas, esperando a bajarse en su parada. Al otro lado de la puerta, observó que había un joven bien parecido con un maletín y que vestía un par de botas nuevas negras que eran perfectas para el frío clima de Chicago.

Cuando el tren comenzó a moverse, el joven se levantó y se sentó al lado del hombre sin techo. Para sorpresa de ella, tranquilamente se quitó las botas y se las dio al hombre. Entonces abrió su maletín, donde tenía otro par de zapatos. Se puso cuidadosamente esos zapatos y le dio al hombre sin techo un par de calcetines extra, diciendo: "Póngase estos calcetines nuevos lo antes posible". Entonces cerró su maletín. Unos segundos después, el hombre procedió a bajarse del tren en su parada sin decir ni una sola palabra más.[4]

Literalmente le dio los zapatos que se había quitado. No pidió que le reconocieran ningún mérito, no hizo ninguna gran muestra de su bondad, pero todo el mundo en ese tren observó el acto de misericordia y compasión de aquel joven.

Cuando tu corazón de compasión está abierto, buscas constantemente oportunidades de ser buena con las personas. No solo sientes lástima por ellas; pasas a la acción y haces algo para mejorar su situación, si es que puedes. Cuando tu corazón de compasión está cerrado, eres como el levita y el sacerdote que vieron una necesidad y cruzaron al otro lado del camino para no ser incomodados.

> *Cuando tu corazón de compasión está abierto, buscas constantemente oportunidades de ser buena con las personas.*

Cuando leemos sobre la vida de Jesús, una y otra vez dice que cuando Él veía a personas con necesidad, era *movido* a compasión. No solo sentía lástima; su compasión le conducía a la acción. Fue movido a compasión y alimentó a los cinco mil. Fue movido a compasión y sanó a los enfermos. Su compasión iba unida a la acción, y produjo milagros en las vidas de las personas que lo seguían.

Nosotras somos llamadas a hacer lo mismo. Para ser excepcionales, entendemos que para amar de verdad tenemos que sentir compasión y permitir que nos mueva a una acción útil.

Sigue el amor

Nuestra compasión no es solo para esos momentos en los que vemos a alguien tumbado a un lado del camino. Debemos escuchar los impulsos interiores de amor que sentimos. Esos sentimientos de amor nos conducirán a la acción adecuada que puede bendecir profundamente las vidas de otras personas.

Hace varios años agarré el teléfono para llamar a mi amiga Shannon. Cuando una mujer respondió al teléfono, no me parecía la voz de mi amiga. Dije: "Shannon, ¿eres tú?". Escuché una voz ahogada: "Sí, soy yo y voy a estar bien".

Aquello me confundió realmente. La voz de esa mujer sonaba triste, y no se parecía a la amiga a la que yo planeaba llamar. De modo que esta vez utilicé su apellido, y la mujer dijo: "Ah, lo siento, debe haberse confundido de número".

Justo cuando estaba a punto de colgar, me inundó un sentimiento: *Necesitas orar por esta mujer.* Yo no sabía quién era ella, pero sentí fuertemente que necesitaba mi aliento. No quería inmiscuirme en sus asuntos, pero seguí la compasión que sentí hacia ella y dije: "Shannon, no te conozco, pero ¿estaría bien si oro por ti?".

Mientras esperaba, escuché que la mujer comenzaba a llorar. Dijo: "Acabo de perder a mi padre, y estoy muy deprimida. No sé lo que voy a hacer".

Yo sabía que Dios había puesto esa sensación en mi corazón por un motivo. Mientras pasé los siguientes minutos orando por ella y alentándola, pude compartir la verdad de que ella necesitaba oír: que Dios se interesa por ella y ve lo que está experimentando, que va a darle fortaleza y ella verá días buenos más adelante. Pude sentir que esas palabras infundieron nueva vida a su espíritu. Ella se recuperó y mientras nos despedíamos, dijo: "Eres mi ángel. Ahora sé que Dios aún tiene un plan para mí".

Hay una razón por la que sientes compasión por la gente. No es un accidente. Es Dios enviándote un mensaje de cómo puedes llevar a cabo su obra. Esos sentimientos los envía Dios; Él quiere que alientes, que edifiques y muestres a otros su amor. En el momento, esos sentimientos puede que no siempre tengan sentido. Yo podría haber colgado el teléfono y haber pensado: *Qué extraño que llamé al número equivocado, y qué mal que la mujer estaba tan triste. Yo estoy ocupada. Tengo muchas cosas que hacer.* Pero he aprendido a ser sensible a ese flujo de amor. Y debido a que lo hice, no solo pude alentar a Shannon, sino que también me bendijo. Estaba muy agradecida a Dios por cómo Él estaba dispuesto a usarme para hacer su obra. Así es Dios. Cuando eres buena con otros, Dios siempre será bueno contigo.

Investigadores han estudiado sobre el tipo de acciones que nos hacen sentir más felices. Podríamos imaginar que cosas como ir de vacaciones o recibir un regalo generoso están en los primeros lugares de la lista. Sin embargo, la acción número uno que hacía sentirse a las personas más felices era ayudar a otros. Cuando eres buena con los demás y das de tu tiempo o tus recursos, recibes un flujo de endorfinas que te hacen sentir bien. Amar y servir a otros nos da el mayor sentimiento de felicidad. De hecho, lo llaman "la euforia del ayudador".

En 2 Juan 1:6 nos dice que debemos caminar continuamente en amor, ser guiados por amor y seguir el amor. Observe que seguimos el amor. Cuando sentimos compasión por alguien más, eso es Dios diciéndonos que marquemos una diferencia en sus vidas. Necesitamos aprender a seguir esos sentimientos

> *La compasión viene de Dios, y en ella se encuentra un poder milagroso.*

de compasión, actuar en consecuencia y no ignorarlos. Es fácil pensar que no marcará ninguna diferencia, pensar que *solamente sentimos lástima por alguien* y seguir adelante con nuestro día.

Pero alguien necesita lo que tú tienes para ofrecer. Esos sentimientos son una manera en que Dios te está hablando. Él quiere que muestres amor y bondad a una persona. Somos llamadas a seguir el amor y permitir que nos guíe a la acción correcta. La compasión viene de Dios, y en ella se encuentra un poder milagroso.

A menudo, hacemos que seguir a Dios sea demasiado complicado. Queremos que Él nos hable y nos diga qué tenemos que hacer. Pensamos que cuando lo haga, sentiremos mariposas en el estómago y los cielos se abrirán. Cuando estás sintiendo amor, estás sintiendo a Dios.

Hace algunos años atrás, mi amiga Jamie, de quien hablé anteriormente, la fundadora de IT Cosmetics, no dejaba de sentir de contactar a la personalidad de la televisión que le había conseguido su primera reunión en la QVC. A esas alturas, la mujer se había jubilado y ya no salía en el aire, pero Jamie y ella se habían mantenido en contacto a lo largo de los años. Finalmente, Jamie decidió llamarla para comprobar cómo le iba y preguntarle si había algo que pudiera hacer. La mujer se alegró mucho de saber de ella pero fue modesta, y dijo que le iba bien y que agradecía que Jamie se hubiera puesto en contacto.

Cuando Jamie colgó el teléfono, seguía sintiendo esa carga, como si hubiera algo que Dios quería que ella hiciera por esa mujer; una mujer que había seguido ella misma una sensación de Dios y que había abierto tales puertas de bendición en la vida de Jamie. Finalmente, Jamie habló con su esposo al respecto. Él estaba de acuerdo en que Dios probablemente intentaba utilizarla de alguna manera para influenciar la vida de esa mujer.

Jamie pasó algún tiempo en oración, y después siguió teniendo esa sensación en lo profundo de su ser de que necesitaba enviarle un cheque a esa mujer. Jamie no sabía por qué. Habían pasado ya muchos años desde que ella ayudó a Jamie, y nunca esperó nada a cambio. Pero todos aquellos años después, Jamie había sido bendecida económicamente más allá de todos sus sueños, y sabía que esta mujer había escuchado a Dios y había abierto la puerta para esa bendición. Jamie seguía teniendo esa sensación, como si ahora ella tuviera que ser un ángel en su vida de algún modo.

Jamie sabía que si solamente le enviaba un cheque a esa mujer, probablemente no lo aceptaría, de modo que Jamie le pidió que se tomaran un café juntas. La mujer estuvo de acuerdo, y cuando llegó a la cafetería, Jamie le dijo que Dios había puesto algo en su corazón y que tenía algo para darle. Pero antes le hizo prometer a la mujer que lo aceptaría. La mujer estuvo de acuerdo.

Cuando Jamie le entregó un sobre, compartió que no estaba segura del porqué tenía que hacerle ese regalo, pero sentía que Dios le decía que lo hiciera. Cuando la mujer abrió el sobre, instantáneamente rompió a llorar. Entonces se acercó a la ventana y comenzó a orar en voz alta.

Aunque no había querido hablar de sus problemas con Jamie por teléfono, a su esposo le habían diagnosticado cáncer, y el tratamiento estaba poniendo una presión en sus finanzas. Cuando abrió el sobre y vio el cheque, no podía creer el modo en que Dios obra para proveer para sus hijos. Estaba muy agradecida con Jamie, y muy agradecida con Dios.

Esos sentimientos que tienes por otras personas son mensajes de Dios. Él quiere que te acerques, quiere que actúes, quiere que ames. Por lo tanto, cuando pienses en algún familiar o amigo al que no has visto en un tiempo y sientas esa ternura hacia ellos, no dejes que ese sentimiento pase sin más. Toma un minuto para enviar a esa persona una palabra de aliento y hacerle saber que te interesas. No tienes que llenar un cheque como hizo Jamie, pero incluso acercarte puede ser una respuesta a la oración.

Recuerdo una mañana en que Joel se despertó y estaba muy preocupado por un amigo con el que se había criado. Habían ido juntos a la escuela y habían jugado a deportes, pero habían pasado quince años desde la última vez que se comunicaron. Durante todo el día no dejaba de pensar en él, esperando que le fuera bien. Finalmente le dije a Joel: "Tienes que llamarlo". Bueno, Joel no tenía su número, pero solo fueron necesarias unas llamadas telefónicas para conseguirlo. Cuando su amigo respondió al teléfono, Joel dijo: "He estado pensando en ti todo el día, ¿cómo te va?". El teléfono se quedó mudo. Él no dijo ni una sola palabra. Tras unos segundos, Joel pudo oír que estaba llorando. Finalmente, su amigo le dijo a Joel que su esposa lo había abandonado, y nunca se había sentido tan devastado. Dijo: "No soy una persona religiosa, pero esta mañana oré: 'Dios, si estás ahí, muéstrame algún tipo de señal'".

Dios sabe quién necesita ser alentado, quién está sufriendo y siente que no puede seguir adelante. Él quiere usarte para mostrarle su amor a esa persona. Sigue la compasión. Sé rápida en reconocer ese flujo divino de amor dondequiera que conduzca. No lo demores. Quizá sea la respuesta a la oración de alguien.

> *Dios sabe quién necesita ser alentado, quién está sufriendo y siente que no puede seguir adelante. Él quiere usarte para mostrarle su amor a esa persona.*

Una llamada telefónica puede tener un impacto tremendo en la vida de alguien. Quizá no entiendas lo que significa para alguien con necesidad de escuchar las palabras: "Te amo. Creo en ti. Estaré orando por ti".

Está atenta

Dondequiera que vayamos, deberíamos estar alerta buscando maneras en que podamos ser una bendición. Dios pone a personas en nuestro camino, y nos da oportunidades de ser buenas con ellas. No tiene que ser algo grande que cuesta mucho dinero, sino invitar a un café a tu amiga, acostarte tarde y ayudar a un colega a terminar el proyecto, limpiar la cocina para darle una noche libre a tu cónyuge, tomar tiempo para hacer un elogio, para iluminarle a alguien el día. Esos pequeños actos cuestan muy poco. La Escritura dice: "...siempre que tengamos la oportunidad, hagamos bien a todos" (Gálatas 6:10). No te pierdas oportunidades de ser una bendición. Si oyes a tu compañera de trabaja hablar de que tiene que llevar su auto al taller, piensa en ofrecerte a llevarla al trabajo la mañana siguiente. Está atenta a maneras de poder ayudar. Observas que los zapatos de béisbol del compañero de equipo de tu hijo están muy desgastados. Dile a él: "Vamos a la tienda tras el entrenamiento. Quiero comprarte unos zapatos nuevos". O escuchas a tus amigos que tienen un hijo recién nacido hablar de lo cansados que están, que no han dormido mucho. No digas. "Ah, sí, recuerdo esa época; es realmente duro". Sé sensible, pues es una oportunidad de ser una bendición. Podrías decir: "¿Qué les parece si mi cónyuge y yo vamos a casa una tarde, cuidamos del bebé y ustedes salen a cenar fuera y a divertirse un poco?".

Abre tu corazón de compasión y busca maneras en que puedas ser buena con la gente.

A veces es algo tan sencillo como escuchar a alguien. En la Escritura, dos hombres ciegos oyeron que Jesús pasaba por allí y gritaron: "¡Ten misericordia de nosotros, oh Señor, hijo de David!". Jesús se detuvo y les dijo que se acercaran a Él. Ellos no podían verlo, pero podían sentir su compasión. Él dijo: "¿Qué quieren?". Ahora bien, para algunos eso parecería una pregunta extraña. Jesús sabía lo que ellos querían. Era obvio que no podían ver, pero Jesús quiso tomarse el tiempo para escucharlos, para hacerlos sentirse importantes. Quería mostrar su interés.

Es bonito tener alguien a tu lado que escuche cómo te sientes, en lugar de solamente intentar resolver tu problema. Jesús podría haber tocado fácilmente a los hombres y haber dicho: "Muy bien, están sanos. Sigan por su camino". Pero Él conocía el poder de un oído que escucha, y quería oír lo que ellos tenían que decir. Después de escucharlos, la Biblia dice que Él estaba tan lleno de compasión que tocó sus ojos y fueron instantáneamente sanados.

Muchas veces he descubierto que si tan solo estoy dispuesta a escuchar a las personas, eso puede ayudar a comenzar el proceso de sanidad para ellas. Cuando las personas tienen muchas heridas y dolor acumulados en su interior, necesitan un modo de dejarlos salir. Algunas personas no tienen a nadie que creen que se interesa por ellas, o han sido heridas tan gravemente que batallan por confiar en alguien. Si das un paso y les muestra un corazón de compasión y eres su amiga proporcionando un oído que escucha, puedes ayudarlos a quitarse esa pesada carga de su pecho. No se trata de ser una consejera o de tener todas las respuestas para sus preguntas. Tan solo está dispuesta a escuchar. Toma tiempo para demostrar que te interesas por él o ella.

Hace algún tiempo alguien se acercó a mí tras un servicio y me habló de una situación con la que estaba batallando. La persona hablaba muy rápido y no se detenía. Yo quería intervenir y darle algunos consejos, y lo intenté varias veces, pero no pude introducir ni una sola palabra en la corriente pesada de palabras llenas de emoción que llegaban hacia mí. Entonces lo entendí: *Esto es como cuando yo intento decirle a Joel algo importante que me está molestando, y no le dejo que introduzca ni una sola palabra porque realmente quiero decirlo todo. No necesariamente quiero su consejo tanto como quiero que él me escuche.* Sucedió lo mismo con esa persona. Cuando al fin terminó, dijo: "Gracias, Victoria. No puedo decirte lo bien que me siento al haber hablado de esto. Ahora creo que sé qué hacer". ¡Y entonces sonrió y se fue! No necesitaba mi consejo; solo necesitaba ser escuchada. Y eso fue el comienzo de su sanidad.

Todas tenemos una tarea de parte de Dios y un ministerio al que somos llamadas. Puede que no sea estar delante de personas, quizá no sea ir a otro país y ser misioneras, pero todas tenemos un llamado a ser buenas con las personas. Ese es uno de los mejores testimonios que podríamos tener jamás. No tienes que predicarle a la gente; no tienes que defender doctrina o intentar convencer a los demás para que crean lo que tú crees. Lo único que tienes que hacer es ser buena con ellos. Tus acciones hablan más alto que tus palabras. Yo puedo decir que te amo durante todo el día, pero el verdadero amor se ve en lo que hacemos. Si realmente te amo, tomaré tiempo para alentarte. Si realmente me intereso por ti, te llevaré en mi auto aunque tenga que levantarme un poco más temprano para hacerlo. Dios le dijo a Abraham: "Te bendeciré…y serás una bendición" (Génesis 12:2). Una clave para ser bendecida es que tienes que estar dispuesta a ser una bendición. Dios no te aumentará del modo en que quiere hacerlo si no haces que sea una prioridad ser buena con las personas.

Cada día deberíamos tener la meta de hacer al menos una cosa buena por otra persona. No esperes a una ocasión especial; no tiene que ser Navidad, su cumpleaños o el día de San Valentín. Solamente un día común, lleva flores a casa para tu esposa. Estás en el centro comercial y ves una blusa que se veía estupenda en tu amiga; cómprala y dásela como regalo. "¿A qué se debe esto? No es Navidad, ni es mi cumpleaños". No, es solo porque eres mi amiga y quiero ser buena contigo. No puedes ser buena con todo el mundo, pero puedes ser buena con las personas que Dios pone en tu vida. Necesitas estudiarlas, escuchar lo que dicen. Sé sensible a sus necesidades.

> *No puedes ser buena con todo el mundo, pero puedes ser buena con las personas que Dios pone en tu vida.*

Un joven emprendedor estaba en África recorriendo aldeas y escuelas locales con un grupo de amigos. Vio a unos muchachos que estaban jugando al fútbol en un campo cuando uno de los muchachos le lanzó el balón. Le alegró unirse al grupo y disfrutó de un partido animado. Cuando se iban de la aldea, el muchacho que le lanzó la pelota lo seguía, charlando con él en inglés. El joven no podía creer la buena fluidez con que el muchacho podía conversar dada la parte rural y apartada del país donde estaban. Descubrió que el muchacho tenía tantas ganas de tener una educación formal, que caminaba cinco horas cada día solamente para asistir a esa escuela.

Quedó tan impresionado, que le regaló a ese muchacho su tarjeta de negocios y treinta dólares. "Ve y cómprate una buena chaqueta, y si alguna vez necesitas ayuda con tu educación, llámame. Me encantaría apoyarte".

El rostro del muchacho se llenó de asombro; no podía creer la bondad de aquel hombre.

Varios meses después, el muchacho le envió un correo electrónico. "Mis padres me han dado permiso para continuar con mi educación. Espero que usted se acuerde de mí".

El hecho mismo de que el empresario hubiera recibido este correo confirmaba lo que él vio en el muchacho: una pasión y un compromiso de aprender. ¿Cómo había encontrado el muchacho una computadora desde la cual enviarle el correo electrónico? No podía imaginar lo lejos que tuvo que viajar ese muchacho y a quién tendría que habérselo pedido para poder enviar aquel sencillo mensaje.

Resultó que había caminado doce horas para enviar el correo electrónico.

El hombre se alegró de poder contactar al muchacho con un amigo que tenía en la capital de Etiopía. Quizá su amigo podría buscar escuelas para ese muchacho. Si encontraba una, él estaba comprometido a pagar sus gastos para sostenerse, la escuela y las provisiones.

Un año después, el empresario regresó a Etiopía, donde aquel muchacho vivía ahora con su amigo y asistía a la escuela. El muchacho estaba tan alegre y agradecido como siempre. Tenía grandes sueños; quería viajar a los Estados Unidos y estudiar en la universidad. Quería ser un empresario como el hombre al que había conocido en el campo de fútbol que fue tan amable para querer apoyarlo.

El empresario le prometió que cumpliría su promesa. Apoyaría la educación de este chico durante toda su vida. Lo que el muchacho no entendía era que el hombre era Blake Mycoskie, el fundador de TOMS Shoes.

Blake había desarrollado su carrera por su corazón de compasión, fundando TOMS cuando vio la necesidad de zapatos en países en desarrollo, cuando vio que los niños no iban a la escuela porque no tenían zapatos para proteger sus pies en el largo viaje. Por cada par de zapatos que vende TOMS, envía un par para un niño en necesidad. Hasta la fecha han distribuido más de sesenta millones de zapatos influenciando muchas vidas, incluida la de este joven, que estudia en una prestigiosa universidad en los Estados Unidos.[5]

Estar alerta no significa que tengas que hacer grandes cosas todas a la vez, sino seguir los pequeños pasos de compasión que Dios ponga en tu corazón. Esos pequeños pasos pueden llevarte a un viaje que cambie verdaderamente corazones, y transforme vidas, incluyendo la tuya propia.

> *Estar alerta no significa que tengas que hacer grandes cosas todas a la vez, sino seguir los pequeños pasos de compasión que Dios ponga en tu corazón.*

En cada oportunidad que tengas, sé buena con los demás. Puede que no sepas por qué Dios los ha puesto en tu camino, pero puedes estar segura de que no es una coincidencia. Dios ubica estratégicamente a personas en tu vida y te las confía para que les muestres su amor. Ahora es el momento de que hagas tu parte. Ser excepcional significa que entiendes el llamado de Dios sobre tu vida. Ama de verdad. No pierdas ninguna oportunidad de ser una bendición, ya sea compartiendo un par de zapatos, pagando la cena a alguien, o declarando palabras de aliento a un desconocido. Mantén abierto tu corazón de compasión. Sigue ese flujo de amor. No solo serás una bendición, sino que también serás bendecida.

PENSAMIENTOS EXCEPCIONALES

✦ El llamado de Dios en mi vida es mostrar amor, tener misericordia y ser una bendición dondequiera que vaya. Cuando doy a otros, Dios me bendecirá a cambio.

✦ Buscaré oportunidades de ser buena con los demás. No solo sentiré lástima por ellos y pasaré de largo. Seré movida a compasión para emprender la acción y mejorar su situación.

✦ La compasión viene de Dios y tiene en ella poder de obrar milagros. Recordaré que una llamada telefónica, una palabra de aliento o un sencillo acto de bondad puede transformar la vida de otra persona.

✦ Dios sabe quién está sufriendo y necesita ser animado. Seré sensible a las necesidades de quienes me rodean, tomando tiempo para escuchar con un oído de compasión, hacer un elogio o comprar una taza de café para iluminarle a alguien el día. Cuando muestro sencillos actos de bondad seré una mensajera del amor de Dios.

✦ Cuando soy amable con alguien en su momento de necesidad, sé que Dios se asegurará de que haya alguien a mi lado en mi momento de necesidad.

Vive el presente

CAPÍTULO 11

No esperes para apreciar

Dios quiere que vivamos en un lugar de gratitud, que tengamos en cuenta la belleza y el increíble valor que Él ha puesto en nuestras vidas. La vida no se trata solamente del destino, sino también de lo que hacemos, a quién conocemos y cómo vivimos a lo largo del camino. Nadie quiere mirar atrás con lamento porque pasó por alto las cosas sencillas de la vida o no valoró a las personas que amaba. Para ser la persona excepcional que Dios creó en ti, abre los ojos a lo que está delante de ti y vive con gratitud cada día.

¿Has escuchado el clásico de los años ochenta, "No sabes lo que tienes hasta que se ha ido"? Quizá fue una canción tan popular, porque habla de un sentimiento con el que muchas de nosotras nos identificamos. Aunque la canción se enfoca en una relación, la letra puede aplicarse a cualquier cosa: nuestra salud, nuestra familia, cualquier bendición a la que somos ciegas hasta que nos es arrebatada. Es desafortunado que a veces tengamos que perder algo para reconocer lo que significa para nosotras.

Tengo un buen amigo que comenzó una empresa propia, con una pequeña cantidad de dinero y mucha esperanza. Con trabajo duro y largas horas, la convirtió en una de las empresas más grandes de su clase en Houston. Su esposa también es una buena amiga mía, y durante varios años se quejaba conmigo sobre las largas horas de trabajo de su esposo, que siempre estaba en la oficina o con clientes. Incluso cuando estaban de vacaciones familiares, él se pasaba horas al teléfono ocupándose del negocio. Se perdía los partidos de los niños y los recitales de música, y nunca estaba ahí para ayudar con el trabajo en la casa o los proyectos escolares.

Un día, todo cambió. Le diagnosticaron cáncer.

El cáncer ya había avanzado de manera importante, y le dijeron que se enfrentaba a una batalla cuesta arriba. De repente, todo lo que él había dado por sentado estaba en peligro. ¿Seguiría estando ahí para las grabaciones de sus hijos? ¿Podría continuar sosteniendo a su familia? Su negocio, que se había llevado una gran parte de su enfoque, ya no parecía ser tan importante ahora que no sabía cuánto tiempo más iba a vivir.

Afortunadamente, los tratamientos tuvieron éxito, el cáncer comenzó a remitir y él se recuperó; sin embargo, su familia y él nunca fueron los mismos. Su reto, como la mayoría de ellos en nuestras propias vidas, le enseñó algo importante. Abrió los ojos al verdadero valor del tiempo y cómo deberíamos emplearlo.

Poco después de recibir la buena noticia, lo vi en la iglesia. Se me acercó y me dio un abrazo, y me habló de lo mucho que había obtenido de esa experiencia. "Déjame decirte, Victoria, que aunque fueron días de miedo, ahora tengo un aprecio mayor de los regalos que hay en mi vida. Hoy en día veo mi vida de modo totalmente diferente a como lo hacía antes del diagnóstico. Sé que las cosas más importantes en mi vida son las personas que quiero. Cuando has enfrentado la realidad de tu propia muerte, te das cuenta de que una lista de deseos está sobrevalorada.

Experimentar y apreciar lo que tienes cada día es lo verdaderamente importante".

Él ya no iba a dar por sentada su salud, ni priorizar su negocio por encima de su familia. Sabía que eran esos momentos de cenas familiares, partidos de béisbol, recitales y trabajos escolares en la mesa de la cocina lo que sumaba a una vida de valor. No quería perderse nada de las alegrías diarias que le esperaban, y que por muchos años las había ignorado sin ser observadas, reclamadas y apreciadas.

Unas semanas después vi a su esposa. También ella había experimentado un cambio de actitud. Me dijo: "Todos aquellos años en que él estaba desarrollando su empresa solamente podía ver las veces en que él no estaba, y lo extrañaba. Cuando me di cuenta de que el cáncer podía llevárselo, que literalmente no regresaría nunca a casa, no me importaron tanto las horas en la oficina o las llamadas telefónicas durante las vacaciones. Estaba contenta porque él seguía estando con nosotros".

No deberíamos tener que perderlo casi todo para apreciar cuán especial es. Necesitamos estar en guardia contra la tendencia de sentirnos tan cómodas y acostumbradas a las bendiciones que hay en nuestra vida que las demos por sentadas.

Otra persona está orando por lo que tú das por sentado

Hace varios años atrás, un familiar me regaló una escultura por la fiesta de estreno de una casa. No era algo que yo misma habría escogido, pero era distintiva y elegante, y la puse en el rincón de nuestra sala. Cuando llegó la Navidad, decidí que quería poner mi árbol de Navidad donde estaba la escultura, de modo que trasladé la escultura a un cuarto de almacenaje y la cubrí con una sábana. Tenía toda la intención de volver a ponerla en su lugar después de las vacaciones. Dos años después, abrí ese mismo cuarto de almacenaje y observé la sábana. Por un momento no podía recordar lo que había debajo. Cuando quité la sábana, vi la escultura. Me había olvidado totalmente de ella y la había dejado allí oculta dentro de aquel armario durante años.

Unos días después estaba trabajando con unas amigas en un proyecto en la iglesia. Estábamos montando una mesa de exposición, pero yo sentía como si faltara algo. Una de mis amigas dijo: "Necesitamos algo especial sobre esta mesa para hacer que realmente destaque".

Inmediatamente pensé en la escultura que tenía en mi armario; por lo tanto, llamé a mi hijo y, una hora después, él llegó con la escultura y la puso sobre la mesa. Mis amigas exclamaron: "¡Vaya, es perfecta! ¡Qué escultura tan hermosa!".

Yo di un paso atrás, la examiné y pensé: *Realmente es hermosa, ¿cierto?*

Una de mis amigas dijo entonces: "Conozco esta obra". Fue por detrás de la mesa, examinó la parte trasera de la escultura, y exclamó: "¡Lo sabía! Esta es una edición limitada. Me encanta la obra de este artista".

Mientras conducía de regreso de la iglesia, me di cuenta de que en realidad nunca había pensado en el artista que creó la escultura. Cuando llegué a casa, entré en la Internet para ver si podía descubrir algo más sobre él, y quedé asombrada al ver que el artista no solo era bastante famoso, sino que mi escultura era, de hecho, una edición limitada, rara y valiosa. Incluso encontré varias galerías de arte y coleccionistas que buscaban comprar esa pieza concreta para sumarla a sus colecciones.

Tras el evento, llevé la escultura otra vez a casa y la examiné con más atención. Noté su meticuloso detalle, y me imaginé el tiempo que se tomó el artista para crearla. Finalmente estaba apreciándola por lo hermosa que era, y el regalo que era tenerla en mi casa. Me pregunté: *¿Cómo me perdí la belleza que tenía delante de mis propios ojos todo el tiempo?*

Como podrás imaginar, ya no la cubro con una sábana. En la actualidad la muestro de modo destacado en nuestro hogar, donde todos los que nos visitan pueden apreciarla.

¿Qué o a quién no estás apreciando hoy? ¿Es tu empleo, tu cónyuge, o una amiga que siempre ha estado a tu lado? Lo que estás cubriendo con una sábana podría ser exactamente aquello por lo que otra persona está orando.

Tu familia no puede ser sustituida. Ellos son únicos. Los buenos amigos son pocos. A muchas personas les encantaría tener el empleo que tú tienes. No descuides las cosas preciosas que hay en tu vida. No llegues a acostumbrarte tanto a ellas que te olvides de cuán especiales son verdaderamente.

> *Las personas más felices son quienes aprecian las bendiciones en sus vidas y no subestiman su valor.*

Las personas más felices son quienes aprecian las bendiciones en sus vidas y no subestiman su valor.

Lo último que querrás hacer es perder algo o a alguien solamente porque no lo valoraste, lo descuidaste o lo trataste mal. El viejo dicho de que "la basura de un hombre es el tesoro de otro hombre" es cierto. Siempre hay alguien con menos de lo que tú tienes a quien le encantaría tener a la persona o aquello que tú estás ignorando. Mira con atención a las personas que Dios ha puesto en tu vida, y vuelve a descubrir la virtud, el valor y la belleza que hay en ellas. Hazlo antes de que lo haga otra persona.

Cuenta tus besos

¿Alguna vez has comprado algo como un mueble nuevo, el último teléfono inteligente o quizá un auto nuevo? Durante las primeras semanas estabas muy emocionada por ello, ¡y te encantaba tenerlo! Pero con el tiempo, te acostumbraste a ello. Eso que es nuevo comienza a convertirse en común.

Podemos hacer eso también con nuestras relaciones. Nos acostumbramos a ellas, ya no nos asombramos por cuán especiales son. En aquellos primeros días, cuando te enamoraste de alguien, no lo dabas por sentado. Estabas tan emocionada por haberlo encontrado que querías pasar cada minuto del día con esa persona. Puede que esa sensación no dure para siempre, pero podemos hacer un esfuerzo consciente por apreciar los muchos regalos que tenemos delante de nosotras.

Joel y yo no somos distintos a otras parejas. Llevamos casados más de treinta años, y nos hemos mantenido juntos porque encontramos maneras de asegurar que nos apreciamos el uno al otro, y lo que aportamos el uno a la vida del otro. Esto no sucede porque sí. Trabajamos en ello. Si no lo hacemos de modo consciente, podemos ser arrastrados en direcciones diferentes y el trabajo puede desviar nuestra atención el uno del otro.

Por ejemplo, Joel y yo estamos toda la semana ocupados preparándonos para los servicios del fin de semana. Tenemos responsabilidades con nuestra congregación y con nuestro equipo. Igual que tú, trabajamos y creamos una familia. Si no tenemos cuidado, podríamos levantar la vista y darnos cuenta de que apenas hemos pasado tiempo de calidad el uno con el otro durante semanas.

Por lo tanto, lo tenemos en cuenta. Hacemos recesos en

nuestro trabajo para vernos durante la semana. Quizá salimos a montar en bicicleta o a caminar juntos. A veces solo salimos y conducimos, para disfrutar la compañía el uno del otro.

No estés tan ocupada o enfocada en las tareas que tu cónyuge y tú se conviertan en desconocidos que simplemente viven juntos. Dios no quiere que te acostumbres a tu cónyuge y pierdas la alegría de lo que tienen en común. Recuerda que es un regalo que Dios te ha dado, y Él quiere que lo aprecies, lo honres y lo ames.

Cuando mantienes el enfoque sobre el regalo que esa persona supone para ti, te das cuenta de que estás llamada a disfrutar de ese regalo. No solo estoy diciendo que pasen tiempo juntos; digo que pasen tiempo de calidad juntos. El tiempo de calidad no tiene por qué ser unas vacaciones caras o una cena copiosa en un restaurante. Tiempo de calidad significa tiempo de amabilidad, amor y respeto que pasan juntos el uno con el otro.

Muchas veces, el tiempo que pasamos con nuestro cónyuge está enfocado en tareas y listas de quehaceres, comprobar nuestros correos electrónicos y hablar sobre lo que hay que hacer. El tiempo de calidad no se trata solo de hablar. Se trata de apreciar, de amar y de reconocer los dones hermosos que esa persona aporta a tu vida.

Recientemente leí un artículo en el que a varios miles de personas les pidieron que nombraran la cualidad más importante en un matrimonio. Algunas de las personas tenían matrimonios exitosos, y otras no. Casi todas las personas que se habían divorciado decían que desearían haberse enfocado más en la comunicación. Respuestas típicas eran: "Dejamos de comunicarnos", o "No era escuchado".

La comunicación es importante, y todo consejero matrimonial te dirá cuán esencial es; pero la comunicación no es lo único necesario. Quienes respondieron y que habían tenido matrimonios que

duraron veinte, treinta e incluso cuarenta años también se enfocaban en una característica. Se enfocaban en el respeto. Compartían
comentarios como: "Nos comunicamos mal todo el tiempo, pero
nunca nos tratamos el uno al otro con falta de respeto", o "Hay
muchas cosas en las que no estamos de acuerdo, pero siempre
acordamos respetuosamente estar en desacuerdo". Reconocían
que la comunicación siempre se romperá en un momento u otro,
pero si puedes mantener tu nivel de respeto en la relación, siempre
podrás dejar atrás la mala comunicación.

Cuando respetas a alguien o algo, reconoces su valor. Si alguien
te diera un precioso recuerdo de familia o algo de gran valor, lo
cuidarías. No lo meterías en un cajón donde lanzas tus llaves y
objetos diversos. No lo guardarías en un armario junto con la aspi-
radora y las escobas. Tendrías un lugar especial donde no pudiera
ser dañado o roto. Harías muchos esfuerzos para asegurarte de que
estuviera cuidado. He aprendido que respetamos lo que valoramos.
Cuando valoras a tu cónyuge y a tus hijos, no vas diciendo palabras que no sientes. No eres descuidada con tu modo de tratarlos.
Los respetas porque sabes cuán valiosos son. Entiendes que no son
comunes, no son ordinarios. Son regalos preciosos de Dios.

Respetar algo significa "estimar, reverenciar y honrar". Respetar a tu cónyuge significa que sabes que es una bendición en tu
vida, y no lo das por sentado. Das prioridad a la relación y honras
a tu cónyuge por lo que aporta a tu vida.

Nadie tiene intención de no respetar a su cónyuge, pero puede
suceder con el tiempo mediante discusiones, frustraciones y
pequeños momentos de crítica. Si tu cónyuge te ha dicho alguna
vez que eres demasiado crítica con él, probablemente tenga razón.
La próxima vez que observes una de sus faltas, refrénate antes de

comenzar a quejarte. A nadie le gusta ver que saquen a relucir sus faltas. Primero de todo, es que esa persona no es ciega a sus propios errores incluso si tú crees que lo es. Cuando los destacas, eso solo hace que se sienta un fracaso ante sus propios ojos, y lo último que querrás es una pareja que no se respete a sí misma. Cualquier psicólogo puede decirte que mientras más ama una persona a alguien, mejor capaz es de amar a otros. Esos pequeños momentos de lo que consideras que es corrección pueden sentirse como crítica y causar que se erosione el respeto en tu relación.

Otro modo en que puede surgir la falta de respeto es en el fragor de una discusión. El viejo dicho de que "todo se vale en el amor y en la guerra" no se aplica a las discusiones con tu cónyuge. No estás en guerra con tu cónyuge ni deberías estarlo nunca, incluso si a veces lo parece. Los dos están en el mismo equipo. Dios los unió.

Si has caído ya en esta trampa, echa los frenos. Toma la decisión de que nunca más volverás a faltar al respeto a tu cónyuge. No deberías permitir que nadie le falte al respeto a tu cónyuge, incluida tú misma.

Mantén vivo el respeto en tu relación manteniéndote enfocada en el regalo que esa persona es para ti. No esperes hasta que algo ya no esté para apreciarlo y honrarlo.

Cuando yo era pequeña, nuestra familia conocía a una pareja muy dulce. La mujer siempre alentaba a las personas. Cada vez que yo la veía, mostraba en su cara una sonrisa. El año pasado, tras un largo matrimonio y haber cumplido más de ochenta años, ella falleció. Asistí a su

> *No esperes hasta que algo ya no esté para apreciarlo y honrarlo.*

funeral y me acerqué para consolar a su esposo. A pesar del día triste, él tenía gozo en su corazón. Me dijo que él había tenido un ataque al corazón quince años antes. Mientras estaba en el hospital, su esposa le dijo: "Cariño, esto nos muestra cuán frágil es realmente la vida. Podría haberte perdido. De ahora en adelante quiero comenzar a hacer algo especial. Cada noche antes de que nos vayamos a la cama, quiero que nos besemos siete veces solo para mostrar lo mucho que nos amamos. No quiero que nos demos por sentado el uno al otro".

Él me dijo que su esposa escogió el número siete porque representaba su amor perfecto el uno por el otro. Por lo tanto, por más de quince años nunca se fueron a dormir sin besarse siete veces.

En una época en la que los matrimonios son descartados con frecuencia por un capricho, él tenía su recuerdo de mil besos para asegurarle que había encontrado a su amor verdadero y que lo había valorado cada día. Eso hizo que su recuerdo de ella fuera perfecto.

Aquella mujer partió con el Señor un martes, pero la noche del lunes había besado a su esposo siete veces. Ella no tenía lamentos, y lo dejó sin tener ninguno. No estaba demasiado ocupada ni tampoco estaba nunca demasiado molesta. Entendía que no había tal cosa como un día común. Ese es el modo en que yo quiero vivir.

Nunca sabemos cuándo se irá alguien a quien amamos. Este no es un día común. Haz saber a las personas en tu vida cuán especiales son y lo mucho que las aprecias. Diles lo mucho que las amas. Pasa tiempo de calidad con ellas porque hoy es un día especial. Es único. Es insustituible. Sus horas pueden ser bien o mal utilizadas, pueden invertirse o desperdiciarse. Aprecia el hoy y todo lo que puede aportar a tu vida.

Escoge ver lo bueno

Cuando enfrentamos dificultades, puede ser difícil mantenernos agradecidas o puede ser difícil apreciar cada día. Pero qué lástima llegar al final de la vida y entender: "Ne pasé la mayor parte de mi vida preocupada y molesta". Dios quiere que desarrollemos nuevas mentalidades que nos ayudarán a mantenernos agradecidas en los buenos momentos y en los malos. Quizá las cosas no van perfectamente en tu vida, pero el hecho es que este es el día que el Señor ha hecho. No estás aquí por accidente. No hay nada que suceda en tu vida y que Dios no vea. No hay ninguna situación

> *Dios obra donde hay una actitud de fe.*

demasiado difícil para que Él la cambie, pero tienes que hacer tu parte y darle a Él algo con lo que trabajar. Dios obra donde hay una actitud de fe. Sé agradecida y mantén la paz. A pesar de lo que llegue contra ti, encuentra lo bueno.

Escuché una historia sobre Bill Bright, el fundador de Cruzada Estudiantil para Cristo, conocida hoy como Cru. Hacia el final de su vida, desarrolló una enfermedad pulmonar incurable. Era muy dolorosa y no había ningún tratamiento para curarla. El cáncer se estaba comiendo literalmente los bordes de sus pulmones. Finalmente llegó al punto en el que no podía salir de su casa. Estaba en cama. Allí estaba un hombre que empleó más de sesenta años de su vida como adulto viajando por el mundo y haciendo mucho bien, y ahora no podía levantarse de la cama. Parecía injusto que su vida terminara de un modo tan desalentador.

Unas semanas antes de morir, uno de sus amigos fue a verlo.

Se sentó al lado de la cama del Dr. Bright y dijo: "Dr. Bright, siento mucho verlo sufrir. Siento mucho verlo en este estado".

Con su voz frágil y quebradiza, Bill Bright respondió: "No, no estoy sufriendo. Estoy en una habitación con aire acondicionado. Estoy en una cama blanda. Tengo el mejor cuidado del mundo".

Muchas personas en esa situación habrían estado desalentadas, pero el Dr. Bright decidió ser agradecido; decidió encontrar lo positivo. Su actitud era: *Mientras pueda respirar, voy a encontrar algo por lo cual estar agradecido*. Cuando escucho una historia como ésta, me hace apreciar lo que tengo. A pesar de las dificultades que podamos estar enfrentando o lo que venga contra nosotras, tenemos que ser personas agradecidas y entrenarnos a nosotras mismas para apreciar cada día y encontrar el bien.

> *A pesar de las dificultades que podamos estar enfrentando o lo que venga contra nosotras, tenemos que ser personas agradecidas y entrenarnos a nosotras mismas para apreciar cada día y encontrar el bien.*

Escuché una historia sobre dos hombres que compartían habitación en el hospital. Ambos hombres estaban en sus camas, sin poder levantarse y moverse por allí. El hombre que estaba más cerca de la ventana desarrolló el hábito de decirle al otro hombre lo que veía en el exterior.

Explicaba con gran detalle: "Hoy veo un hermoso amanecer, los niños están jugando y los árboles están en flor". Cada día, el otro hombre escuchaba con gran interés. Era lo más destacado de su día.

Eso mismo sucedió durante varias semanas hasta que el caballero que estaba al lado de la ventana se puso muy enfermo y lo

trasladaron a otra ala del hospital. Su amigo quedó muy entriste-
cido porque él ya no estaba allí y extrañaba saber lo que sucedía
en el exterior. Una tarde le preguntó a la enfermera si podían
poner su cama al lado de la ventana. No podía esperar a ver todas
esas escenas llenas de vida, escenas que le recordaban la belleza
del mundo y todo lo que sucedía fuera de los muros del hospital.

Cuando la enfermera lo trasladó con cuidado a su nueva cama,
él se acomodó y después dirigió su mirada hacia la ventana. Pero
lo único que pudo ver fue una pared de ladrillo.

Volvió a llamar a la enfermera y dijo: "¿Qué sucede? Durante
semanas, mi amigo me describía lo que veía por la ventana. Me
hablaba del atardecer y de ver a niños jugando, y el hermoso
dibujo de las nubes. No puedo ver nada de eso, solamente esta
pared de ladrillo".

La enfermera sonrió y dijo: "¿No sabía usted que su amigo
era ciego? Lo veía todo con su corazón".

Dios nos ha dado esta vida para que podamos disfrutarla.
Podemos decidir ver lo bueno, lo malo, o no ver nada. Enfrentaremos dificultades, soportaremos muchas responsabilidades, pero
eso no significa que no podamos tomar tiempo para ver el valor
en cada día y en cada regalo que Dios nos ha dado.

No seas ciega a las bendiciones que Dios te ha dado. Cuando
veas con los ojos de un corazón agradecido, apreciarás toda la
belleza que hay a tu alrededor. La vida es frágil. Encuentra razones
para ser agradecida. Siempre están ahí si las buscas.

PENSAMIENTOS EXCEPCIONALES

✦ Miraré a mi alrededor y daré gracias a Dios cada día por las bendiciones que hay en mi vida. Viviré en un lugar de gratitud y tendré en mente la belleza y el increíble valor que Él ha puesto en mi vida. Disfrutaré de mi viaje, valorando a las personas en mi vida y viviendo con entusiasmo a lo largo del camino.

✦ Me guardaré contra la tendencia a acostumbrarme tanto a las bendiciones en mi vida que las dé por aseguradas. Recordaré que lo verdaderamente importante es experimentar y apreciar lo que tengo cada día.

✦ Mi familia es insustituible, las buenas amistades son pocas, y muchas personas querrían tener mi vida. No descuidaré esos regalos preciosos ni olvidaré cuán especiales y valiosos son para mí.

✦ Recordaré respetar a quienes amo, honrarlos, y ocuparme de ellos. Pasaré tiempo de calidad construyendo y manteniendo una relación fuerte y sana.

✦ Recordaré que cuando surjan desacuerdos, debo estar en desacuerdo respetuosamente. Mantendré abiertas las líneas de comunicación y será una prioridad la integridad de la relación.

✦ Buscaré maneras de llevar una actitud de gratitud a todos los aspectos de mi vida, y practicar el ser agradecida en los buenos momentos y en los malos. Encontraré mi propio modo de contar los besos, y de recordar absorber y apreciar verdaderamente cada día.

CAPÍTULO 12

Haz que cada temporada valga la pena

Cuando mi hija estaba en el último año de la escuela secundaria, ella, como muchos de sus compañeros, pasaba incontables horas preparando cuidadosamente las solicitudes para las universidades. Perfeccionó su currículum, escribió cartas de solicitud y dedicó horas a sus ensayos. Finalmente, llegó el momento de presentarlos y orar para que todas esas horas de preparación condujeran a una carta de aceptación. Los administradores y maestros les dijeron a los estudiantes que tomaría entre dos y tres meses antes de que recibieran cualquier respuesta.

Cuando tienes 17 años, la decisión más importante de tu vida es a qué universidad vas. La anticipación era agonizante para estos jóvenes. Esos dos meses parecieron alargarse, y luego fueron tres meses. Con el paso del tiempo, las preguntas que persistían en sus mentes parecían intensificarse. Ellos evolucionaron de *¿a qué universidad asistiré?* a *¿qué pasa si no me aceptan de la que realmente quiero ir? ¿Con quién viviré si te aceptan y a mí no?* Una y otra vez, las preguntas se arremolinaban en sus cabezas. Parecía que cuanto más esperaban, más preguntas surgían y más dudas empezaban a formarse. La espera estaba causando que se cansaran y frustraran. Revisaban sus computadoras diariamente para ver si su carta de aceptación había sido publicada. Estaban tan absortos con el resultado, tratando de descifrarlo todo, anticipando lo que vendría, que sus días antes despreocupados se llenaron de estrés y preocupación, impidiéndoles disfrutar realmente de lo que estaba sucediendo en su vida en ese momento.

Es como el proceso de una oruga al convertirse en una hermosa mariposa. Mientras está intentando salir de su capullo, hay un período de espera. Toma tiempo y esfuerzo. Pero una vez que la mariposa finalmente sale, es hermosa, es fuerte y está lista para volar. Dios quiere que entendamos que, en cualquier época del año que enfrentemos, nos estamos volviendo más fuertes, más hermosas, y nos está preparando para tomar el vuelo a la siguiente etapa de nuestras vidas.

Después de tres largos meses de revisar su computadora todos los días para ver los resultados de su solicitud, mi hija finalmente obtuvo la respuesta que estaba esperando y pudo asistir a la universidad que realmente quería. Estaba tan emocionada, pero la espera no había terminado. Mientras esperaba comenzar en el otoño, tuvo que además esperar para ver a qué hermandad femenina sería invitada a unirse. Luego esperar a ver quiénes serían sus compañeras de cuarto. Esperar a ver cómo serían sus clases. Más adelante, estaría esperando para graduarse, esperando conseguir un trabajo, esperando ver con quién se casará, esperando tener hijos. Espera, espera y espera. Ella es una joven, así que tiene mucho por qué esperar. La espera es uno de los aspectos más desafiantes de nuestras vidas. No es divertido esperar.

Si estás esperando algo, mantén la perspectiva correcta. No lo veas como si no pudieras ser feliz hasta que suceda. Puedes ser feliz ahora, sabiendo que estás desarrollando tus alas. Estás creciendo, madurando y preparándote para emprender el vuelo. Incluso, si las cosas no resultan como te gustaría que pasaran, Dios sabe lo que está haciendo. Él te va a llevar al lugar correcto.

Hubo algunos amigos de mi hija que no recibieron una carta de aceptación de la universidad de su primera elección. Fueron aceptados en su segunda elección. Pero hoy, después de haber estado matriculados durante tres años, todos te dirían que están exactamente donde se supone que deben estar. Se alegran de no haber ingresado a la universidad que querían. Están creciendo, prosperando y preparándose para las nuevas temporadas que se avecinan justo donde están. **Es asombroso cómo Dios sabe lo que es mejor para nosotros.**

Hoy, mirando hacia atrás, esas chicas dirían: "No sé por qué estaba tan ansiosa y preocupada. Si hubiera sabido lo que sé ahora, me habría relajado en lugar de estar tan preocupada por el futuro".

Espera bien por tus "aún no ha ocurrido"

La vida es un proceso de espera. Por eso es importante que aprendamos a esperar de la manera correcta. A medida que avanzamos por las diferentes temporadas, parece que siempre tenemos prisa por llegar a nuestro próximo destino. Y mientras todos tenemos metas, cosas que queremos lograr, situaciones que nos gustaría ver cambiar, sin darnos cuenta, podemos aplazar nuestra propia felicidad al ser consumidos con el lugar donde nos gustaría estar.

Nos preocupamos por los "aún no ha ocurrido" de nuestras vidas. Nos enfocamos tanto en las cosas por venir que no disfrutamos la temporada en la que estamos ahora.

La *paciencia* se define como "la capacidad de aceptar o tolerar el retraso, los problemas o el sufrimiento sin enojarnos o molestarnos". Es algo que nos esforzamos por enseñarles a nuestros hijos. "Sé paciente", decimos mientras esperan por la cena, mientras esperan en la cola, mientras esperan la Navidad. La paciencia se trata de esperar bien. Estar dispuesta a dejar que las cosas lleguen a su debido tiempo sin quejarte, frustrarte o dudar. He orado por mujeres jóvenes que desean tanto casarse que se están perdiendo de lo que Dios está haciendo en su vida en ese momento. Están tan consumidas pensando con quién se van a casar que no disfrutan de la temporada en la que están.

Si esa eres tú, hoy quiero animarte a que te relajes. Confía en el tiempo de Dios. Claro que debes orar para que la mano de Dios te guíe, y que estés entusiasmada con el futuro, pero recuerda que en la espera hay una preparación que se está llevando a cabo. Estás creciendo y transformándote para la próxima temporada de vida. **Dios no tenía la intención de que nos rindiéramos durante las temporadas secas, durante las temporadas en las que estamos esperando a que nuestras oraciones sean contestadas.** Él quiere que nos desarrollemos y perseveremos en esos tiempos. Mientras esperas a encontrar a la persona adecuada, asegúrate de convertirte en la persona adecuada. Desarrolla los rasgos de la persona con la que quisieras casarte. Cuando aprendemos a esperar bien, fortaleceremos nuestro músculo de paciencia y es cuando veremos que la promesa se cumplirá.

Hebreos 6 dice que a través de la fe y la paciencia heredaremos las promesas (ver v. 12). No sé de ti, pero parece que comenzamos de maravilla cuando nuestros sueños y deseos están frescos en nuestro corazón, cuando la semilla se acaba de plantar. Tenemos fe para creer que sucederá. Pero es en esos días cuando miramos fijamente la tierra y aún no vemos señales de vida que perdemos nuestro camino. Cuando las cosas tardan más de lo que esperamos y no vemos que nada sucede, perdemos la paciencia. Empezamos a quejarnos y nos frustramos. Dios no nos está haciendo esperar para hacernos daño. Él está desarrollando el poder de la paciencia. **La paciencia significa que sabes que puedes confiar en Dios sin importar cuánto tiempo demore lo esperado.** Es el ingrediente clave para esperar bien. Muchas veces pensamos que no podemos ser felices hasta que suceda lo que estamos esperando. Eso es poner una línea de tiempo en tu felicidad. Dios quiere que estemos contentos justo donde estamos. Cuando estamos contentos de saber que Dios está en control y nos mantenemos en paz, es cuando todas las piezas de nuestra vida caerán en su lugar.

Tu cosecha viene de camino

Nadie está exento del proceso de espera. Cuando escuchamos la palabra *esperar*, pensamos en cruzar los brazos y no hacer nada. Se siente aburrido y pasivo. La Biblia Amplificada nos da una comprensión más clara de la "espera". La Escritura dice que aquellos que esperan, que tienen esperanza, que buscan la bondad de Dios (ver Isaías 40:31). Así es como esperas con fe, buscando activamente la bondad de Dios todos los días. Esperas por su bendición y favor. Crees por un cambio en tu familia, tu salud y tu trabajo. Hay anticipación en tu corazón.

El escritor de Santiago nos da este ejemplo de esperar bien:

"Miren cómo espera el agricultor a que la tierra dé su precioso fruto y con qué paciencia aguarda las temporadas de lluvia. Así también ustedes, manténganse firmes y aguarden con paciencia…" (Santiago 5:7-8). El agricultor no duda de que los cultivos van a crecer. Él no está desenterrando su semilla, asegurándose de que todavía esté allí. Él está pendiente a las lluvias, está buscando señales de que la temporada está cambiando, anticipándose y preparándose para la cosecha. Él no deja que el hecho de no poder *ver* ningún cambio le haga perder su alegría y entusiasmo. La espera fortalece su fuerza, paciencia y carácter, porque sabe que es solo una cuestión de tiempo antes de que venga la cosecha. Esperar con expectación es esperar activamente. Estás orando, creyendo y preparándote para que suceda.

Al igual que el granjero, tú has plantado. Has orado. Has regado tu semilla. Le has dado gracias a Dios. Puedes tener la confianza que dice: "No es *si* pasa, sino *cuando* pase". **De la misma manera que sabes que el sol saldrá por la mañana, debes saber que lo que Dios te prometió va a pasar.** Puede suceder hoy. Puede suceder la próxima semana o el próximo año. Pero, así como ese granjero, tú también puedes anticipar con alegría que tu cosecha viene de camino.

Un día estaba en un ascensor con mi hija, y cuando nos detuvimos en un piso y las puertas se abrieron, un hombre entró y luego me miró con una mirada de sorpresa. Lo saludé, y mientras seguía mirándome con asombro, dijo: "No puedo creer que usted esté aquí en este ascensor. Esta mañana estaba orando para que Dios me fortaleciera y me ayudara a desarrollar la paciencia. Tengo algo que estoy esperando que suceda en mi negocio, y siento que Dios me está pidiendo que espere hasta que sea su tiempo. Amo su ministerio y me siento tan alentado por él, que tomo esto como una señal de que Dios todavía está obrando. Así que necesito continuar manteniéndome firme y ser paciente". Le agradecí al hombre por compartirlo conmigo y le di gracias a Dios por usarme para alentarlo durante la espera. Ese hombre era sabio como el granjero. Él estaba esperando con expectación. Buscaba una señal. Creía que lo que Dios le prometió estaba en camino.

Preparada en la espera

Dios está siempre obrando en nuestras vidas. Incluso durante la espera, Él se mantiene activo. Él está nutriendo, fortaleciendo, preparando y alentando, incluso cuando no lo vemos y otros pudieran cuestionar lo que estamos haciendo con nuestras vidas. Una amiga mía me contó acerca de un momento en que ella tenía dieciocho años y se había ofrecido a ofrecer una cena a la familia de un ministro invitado. Al entrar en el pequeño apartamento en el que se encontraban mientras estaban en la ciudad, vio a una madre cargando a dos niños pequeños, mientras que los dos niños mayores corrían por las escaleras en medio de un juego ruidoso y enérgico. La madre le sonrió a mi amiga y le pidió que colocara la cena en la mesa de la cocina. Luego le dio las gracias por su amabilidad y se volvió para limpiar a sus hijos para la cena.

Cuando mi amiga salió por la puerta, pensó: *¡Esa pobre madre! ¡Cuatro niños y andrajosos, y ella corriendo de un lado para otro tratando de mantenerse al día con los mandados y las demandas de la maternidad!*

No yo, se dijo a sí misma, *tengo muchos sueños y metas que alcanzar. Esa madre nunca podrá volver a soñar. No con todas las responsabilidades de dirigir una casa.*

Los años pasaron, y después de quedarse dormida momentáneamente en su baño, agotada por tratar de mantenerse al día con sus tres hijos más pequeños, mi amiga comenzó a preguntarse si se habían perdido los sueños que una vez tuvo. Cuando comenzó a contemplar su vida y la temporada en la que estaba, sus pensamientos volvieron a ese día en que tenía 18 años y le estaba entregando una comida a una madre joven cuya vida nunca quiso tener. Inmediatamente, mi amiga se dio cuenta de que ella se había convertido en "esa" madre. Pero en ese momento, entendió más plenamente quién era esa madre y lo que estaba sucediendo en su vida en ese momento. A pesar de sus pensamientos y opiniones de ese día, esa madre agotada se había convertido en una oradora internacional con gran demanda y en la autora más vendida. Esa "pobre madre" era Lisa Bevere.

Mi amiga se sintió alentada a que llegaría el momento en que sus deseos y sueños pudieran salir a flote nuevamente. Que ella también estaba en medio de una temporada, a veces agotadora, de criar niños campeones. Pero esa temporada no duraría para siempre. Lisa Bevere había criado a esos niños, mientras construía su carácter, determinación y fuerza, y luego entró en la próxima temporada de su vida. El sacrificio desinteresado de la maternidad no la descalificó de sus sueños; más bien, la prepararon para sus sueños. Esos años fueron necesarios para que llegara la increíble cosecha. No solo tiene una hermosa familia, sino que todos están haciendo el ministerio juntos.

Si miramos hacia atrás en el ejemplo de Santiago, y pensamos en lo que hace un granjero mientras espera la cosecha, él no se queda pasivo durante meses y meses. Mientras espera, él afila sus herramientas. Él se asegura de que su tractor y equipo estén mantenidos y listos para funcionar. Él llama a sus proveedores y pone todo en orden. Todavía no ha visto una planta levantarse del suelo. Todo el campo se ve completamente vacío, pero está haciendo todo tipo de preparativos para la cosecha que sabe que se avecina. Él tiene tanta confianza que está poniendo su fe en acción. Eso es lo que significa esperar como un granjero. Tú no solo estás esperando. No solo estás orando. Te estás preparando, dando pasos de fe. La Escritura dice que debes esperar en el Señor y Él renovará tus fuerzas (ver Isaías 40:31). **Renovaremos nuestras fuerzas, cuando estamos esperando *activamente* en Dios.** Preparémonos en la espera, sabiendo que esta temporada nos está preparando para la próxima.

Sé paciente y confía en el tiempo de Dios

Dios quiere que tengamos metas, Él quiere que soñemos en grande, pero tenemos que confiar en su tiempo.

Hablé con un hombre que dirige una compañía multimillonaria. Me dijo cuán fiel había sido Dios, y luego sacó un pequeño trozo de papel de su billetera. Él explicó: "Dios ha sido bueno conmigo, e incluso, cuando los tiempos eran difíciles, siempre he tratado de recordar que Él estaba obrando. He tratado de aferrarme a la promesa de que, si estaba esperando que algo sucediera, él me estaba preparando para algo grandioso. La semilla había sido plantada. Solo necesitaba desarrollar mis raíces". Luego me mostró el pedazo de papel y en él había una lista de trabajos. Este hombre había anotado todos los trabajos que había hecho desde que era joven. Cuando tenía trece años, era un papelero. A los quince años, comenzó a cortar el césped, y añadió la remoción de nieve cuando tenía diecisiete años. En la universidad, él era un ayudante de plomería, luego un ayudante de plomería comercial, y luego un contratista. La lista seguía y seguía.

Pensé: *Dios mío, ¿cuántos trabajos ha tenido?*

El hombre dijo que creó la lista para un propósito especial. Cuando se enfrentaba a otro cambio de trabajo, a los veinte años, quería animarse a sí mismo. "Repasé toda mi vida y pensé en todos los trabajos que he tenido. Y me pregunté: '¿Qué me enseñó ese trabajo? ¿Qué habilidades me proveyó ese trabajo? ¿Qué raíces se desarrollaron en mí para poder ser más fuerte y más firme para la próxima tarea?'".

Se dio cuenta de que había aprendido algo valioso en cada trabajo que lo había preparado para lo que Dios lo estaba llevando. Incluso llegó a asignar una palabra a cada uno de esos trabajos, como "compromiso", "perseverancia", "integridad" y "responsabilidad".

Él dijo: "Victoria, en ese momento, algunos de esos trabajos no tenían ningún sentido. Eran difíciles, sucios y agotadores. Sentía que estaba listo para pasar a algo más grande. Pero la lista me recuerda cómo Dios estaba dirigiendo mis pasos y cómo cada trabajo era necesario".

A veces, durante la espera, tenemos una tendencia a dejar de esperar en Dios y comenzar a hacer que las cosas sucedan por nosotras mismas. Pienso en los israelitas cuando Moisés los había sacado de Egipto y se dirigían a la Tierra Prometida. Moisés los dejó en el campamento cuando subió para encontrarse con Dios en el Monte Sinaí. Les dijo que volvería. Pero los israelitas se impacientaron cuando Moisés no regresó con una respuesta de Dios tan rápido como esperaban. Comenzaron a dudar de que Moisés regresaría, y decidieron que tomarían el oro que Dios les había dado y harían ídolos que podrían adorar. Tomaron el control de la situación en lugar de confiar en que Dios se movería en el momento adecuado.

Todos podemos tener una tendencia a ser como los israelitas, a sentir que necesitamos tomar las cosas en nuestras propias manos. Pero Dios tiene un camino y un tiempo. ¿Puedes confiar en que Él lo logrará?

Vive cada día con una alegre expectativa

En nuestra sociedad, hemos perdido el poder que la paciencia ofrece. En esta era digital, podemos hacer cosas con el clic de un mouse o el toque de un botón. Compramos en línea, enviamos un mensaje a otro país en cuestión de segundos, revisamos el clima en cualquier parte del mundo. Estamos acostumbrados a obtener respuestas a las preguntas de inmediato. Dios no trabaja de esa manera. Tenemos que tener cuidado para no quedar tan atrapados en la gratificación instantánea que nos impacientemos.

Jesús les dijo a quinientos discípulos: "Esperen aquí en Jerusalén, porque el Espíritu Santo vendrá sobre ustedes". Él les demandó: "No se vayan. Esperen a que suceda". ¿Sabes que solo ciento cincuenta de los quinientos discípulos no se impacientaron y se quedaron? Trescientos cincuenta personas se fueron, porque no tuvieron la paciencia para esperar. A veces, cuando algo tarda mucho tiempo en llegar a buen término, nos aburrimos. Perdemos nuestro entusiasmo. Nos olvidamos de lo que estamos esperando. Dejamos de esperar. Podemos perder tanto cuando no podemos ser pacientes. Los discípulos que se quedaron ese día fueron renovados, recargados y energizados por el Espíritu Santo. Recibieron lo que esperaban y lo que les habían prometido.

Dios anhela que la espera no nos debilite, sino que nos fortalezca. Él quiere sorprendernos con su bondad. Así como el invierno da paso a la primavera, la espera dará paso a las cosas buenas de Dios. Él va a liberar lo que estás esperando en el momento justo. Y cuando lo haga, serás más fuerte y más decidida a mantener el rumbo.

Creo que, en los próximos días, recordarás los días en que estás ahora. Mirarás hacia atrás a la espera y podrás ver cómo Él te preparó, cómo te fortaleció, cómo hizo que echaras raíces y cómo te alimentó para que fueras fuerte para lo que vendría. Relájate y di como el salmista: "Dios, mis tiempos están en tus manos..." (ver Salmos 31:15). Cree con confianza en que Dios está obrando. Vive cada día con expectación alegre. Y sepas que, un día, la espera habrá terminado.

Cada vez que voy al consultorio del médico, me siento en la sala de espera con los otros pacientes. Incluso, si la espera se prolonga más de lo que quisiera, me quedo en mi silla porque sé que es solo cuestión de tiempo antes de que sea mi turno. Espero a que finalmente la enfermera me llame por mi nombre, ¡porque lo hará en cualquier momento! Si estás en la sala de espera de la vida, esperando que las cosas cambien, esperando que tus oraciones sean contestadas, permanece en la silla. ¡No te rindas! Persevera y permanece firme en tu fe. Vas a ver que sucederá en el tiempo perfecto de Dios. Si te vas a desarrollar en el tiempo que estás esperando, si vas a esperar con expectación y alegría, y no te vas a rendir, ni a quejarte ni a permitir que la duda entre en tu mente, este tiempo no es perdido. Dios te está preparando. Mantén el rumbo. Cuando estás en la sala de espera de Dios, es solo cuestión de tiempo antes de que Él te llame.

PENSAMIENTOS EXCEPCIONALES

✦ Dios está obrando en mi vida hoy. Él sabe dónde estoy y el proceso por el que estoy pasando. No me concentraré tanto en los "aún no ha ocurrido" de mi vida que no disfrute de la temporada en la que estoy ahora.

✦ Estoy creciendo, madurando y preparándome para volar a la siguiente etapa de mi vida. Dios ha puesto en mí todo lo que necesito para cumplir mi destino, así que estoy buscando señales de su bondad y favor, anticipando la cosecha que vendrá.

✦ Esperaré activamente en el Señor y caminaré en su fuerza, sabiendo que esta temporada me está preparando. Creo que Dios va a liberar lo que estoy esperando en el momento justo, y estaré listo.

✦ Todos los días diré como el salmista: "Dios, mis tiempos están en tus manos". Creeré que Dios está obrando y viviendo cada día con gozosa expectativa, con un corazón agradecido que sabe que Dios es fiel.

Empodérate

CAPÍTULO 13

Acércate más a Dios

Hace varios años atrás, fui a ver una obra con algunas amigas al Wortham Theater aquí en Houston. Nuestros asientos estaban cerca del final, haciendo difícil que pudiéramos ver o escuchar a los actores. Desgraciadamente, teníamos solo un par de prismáticos para compartir entre las cinco, así que tomamos turnos para usarlos. Cuando yo no los tenía, me sentía totalmente desconectada de la acción, y me resultaba difícil seguir la historia. Cuando llegaba mi turno de utilizar los prismáticos, los acercaba a mis ojos, enfocaba, y de repente tenía la sensación de ser parte de la historia. Podía ver las expresiones en las caras de los actores, y podía oírlos mejor porque sabía qué actor estaba hablando. ¡Con los prismáticos sentía como si estuviera en el escenario con ellos! Lo que antes estaba muy lejos había sido acercado.

El apóstol Pablo dice: "Pero ahora en Cristo Jesús, a ustedes que antes estaban lejos, Dios los ha acercado mediante la sangre de Cristo" (Efesios 2:13). Quizá te has sentido lejos de Dios a veces durante tu vida, ¡pero Él siempre te tiene ante sus ojos! Dios tiene sus prismáticos enfocados en ti. ¡Está compartiendo tu historia! Tenemos que entender que Él está tan cerca como el aire mismo que respiramos. Cualquier distancia entre Dios y nosotras ha sido cerrada por medio de Jesús.

Los expertos dicen que se calcula que viven en nuestro planeta 7,6 mil millones de personas. Cuando pensamos en eso, es fácil sentirnos aisladas e insignificantes. Podemos tener la sensación de ser una sola persona sin importancia entre miles de millones. Pero no debemos ceder a esos sentimientos. Si lo hacemos, nos encontraremos sintiéndonos tan alejadas de Dios que creeremos que Él no nos conoce, no se interesa por dónde estamos o por lo que suceda en nuestras vidas. Si es así como te sientes hoy, quiero que sepas que Dios está cerca de ti de modo personal.

Para vivir tu vida excepcional, acércate a Él para que puedas recordar quién eres realmente: su hija amada. Igual que al final de un día escolar tus hijos pueden dar un salto a tu regazo para contarte todo lo bueno y lo malo que les ha sucedido mientras estaban separados, Dios es tu Padre amoroso y quiere que estés en su regazo. Él sabe todo lo que has experimentado, pero aún así quiere tenerte cerca.

Muchas personas creen que necesitan cambiar sus vidas antes de acercarse a Dios, pero no podemos limpiar nuestras propias vidas. No podemos producir el cambio que Dios quiere producir en nuestras vidas. Dios tuvo que venir a nosotros por medio de Jesús. Como dijo el apóstol Pablo: "…cuando todavía éramos pecadores, Cristo murió por nosotros" (Romanos 5:8). Solamente Jesucristo puede cambiar tu vida. No hay ningún caos que hayas creado del que Él no pueda limpiarte. No hay nada que Dios no pueda hacer por ti. No hay nada en tu interior que haga que estés distante de Dios. En Jesús, tienes una posición correcta ante Dios. Él te ama tal como eres, ¡y llegó a ti tal como eres!

Lo que sea que estés enfrentando hoy, no permitas que haya

nada entre tú y Dios. No importa, cómo te sientas o lo que hayas hecho, Él quiere tener una relación contigo. Dios quiere que sepas: "Estoy aquí contigo. Estoy cerca y soy un Dios personal, y quiero estar en tu historia".

Cercano y personal

La Biblia relata muchas historias sobre cuán cercano y personal quiere ser Dios. Jesús y sus discípulos iban viajando de Judea a Galilea cuando Jesús hizo un anuncio inesperado. Dijo: "Tengo que pasar por Samaria". Esa afirmación sorprendió a sus discípulos porque, aunque Samaria estaba en el camino hacia Galilea, en aquella época el pueblo judío daba a un gran rodeo a Samaria para evitar a los samaritanos. Los discípulos no entendían por qué Jesús iba a romper con la tradición. Lo que ellos no sabían es que Jesús tenía una cita divina con una mujer samaritana.

Alrededor del mediodía, esa mujer samaritana se acercó al pozo de la aldea con su jarra para el agua. La mayoría de las otras mujeres de la aldea iban al pozo en la mañana cuando hacía más fresco, pero esta mujer esperó hasta el mediodía, la parte más calurosa del día, para evitar a las demás. En la historia descubrimos que era una mujer que tenía mala reputación, y por eso decidió ir al pozo sola para evitar el rechazo y el ridículo de las demás mujeres.

Cuando llegó aquel día, descubrió que Jesús la estaba esperando. Él le pidió que le diera agua. Ella pudo saber que Jesús era judío, y se sorprendió no solo porque se relacionara con ella, una samaritana, sino también de que Él bebiera agua que ella había sacado del pozo.

Esta mujer quería mantenerse aislada en su vergüenza, pero Jesús había llegado para acercarla. Mientras siguió hablándole, ella se acercó con cuidado y comenzó a escuchar lo que Él decía. Tras preguntarle por su vida, le reveló que Él ya sabía todo sobre ella. Sabía que se había casado cinco veces y que actualmente vivía con un hombre que no era su esposo.

Ese día, Jesús se acercó a una mujer llena de vergüenza que estaba viviendo con una multitud de malas decisiones, y le ofreció su salvación. Ella llegó a sacar agua para saciar su sed ese día. Jesús le ofreció "agua viva" que saciaría su sed para siempre. Ella sintió la increíble cercanía de un Dios personal, que estaba diciendo: "Yo lo sé todo sobre ti, cada pecado, cada error, cada mala decisión, y aún así te sigo amando".

Esto es lo que me encanta sobre Jesús. Igual que les dijo a sus discípulos "tengo que pasar por Samaria", también "tenía" que venir a nosotras y entregar su vida por nosotras. Él rompió el protocolo para llegar hasta la mujer samaritana, y rompió todas las barreras para llegar hasta nosotras.

Dios no nos ha acercado porque estemos haciendo las cosas bien. Él viene a nosotras para ofrecernos salvación. ¡La parte hermosa es que podemos recibirlo a Él tal como somos! Nuestras faltas y errores no hacen que Él se aleje; hacen que se acerque. Él nos ofrece el agua viva de la vida eterna, y lo único que tenemos que hacer es decir sí y recibirla gratuitamente.

> *Nuestras faltas y errores no hacen que Él se aleje; hacen que se acerque.*

Hay otra parte interesante en la historia. Jesús escogió a esta mujer para ser la primera persona a quien Él iba a revelarle su identidad como el Mesías. Aún no había dicho a nadie, ni siquiera a sus discípulos, que Él era el Hijo de Dios. Sin embargo, esta mujer en el pozo, que había causado vergüenza y deshonra sobre sí misma, fue hallada digna ante los ojos de Jesús de ser la primera en conocerlo a Él de una manera que nadie lo conocía.

Contrariamente a otras personas que más adelante en la vida de Jesús no creyeron en Él, esta mujer samaritana entendió que estaba en la presencia de Dios. No tuvo que verlo convertir el agua en vino para creer. Ella lo sabía, y quería todo lo que Él tuviera para ella.

Ella fue tan movida por esta revelación que fue corriendo a la aldea para hablar a todo el mundo de este hombre. "¡Vengan a conocer a un hombre en el pozo que sabe todo lo que yo he hecho y aún así me ama!".

Esta mujer había sido una marginada. La gente la había apartado y ridiculizado, pero ella quedó tan conmovida por su encuentro con Jesús que se olvidó de su vergüenza, ¡y corrió para dar las buenas noticias a las mismas personas que la despreciaban! A esta mujer quebrantada, que había sido aplastada por las pruebas de la vida, no le importó lo que pensaran los demás. Solamente quería que ellos experimentaran el mismo amor que ella sintió. Eso es lo que sucede cuando tienes un encuentro cercano con Dios. Dejas a un lado la vergüenza y los fracasos, y quieres compartir tu libertad recién encontrada con todos los demás. La Biblia dice que debido a su testimonio, muchos de los samaritanos de esa aldea creyeron en Él (ver Juan 4:39).

El salmista dice: "El SEÑOR está cerca de los quebrantados de corazón, y salva a los de espíritu abatido" (Salmos 34:18). Él no te aleja, te critica, o mira lo que estás haciendo mal. No lanza sus brazos al aire y se alejará solamente porque cometiste un error. En cambio, se acerca a ti en amor. Incluso en tus peores momentos, Él te ofrecerá su agua viva. Él está cerca de ti incluso ahora. Suelta la vergüenza, y cada etiqueta negativa que te haya puesto la gente, y cree que Él es quien desea acercarse a ti, sanar tu corazón quebrantado y llenar tu alma sedienta.

Dios te está mirando

Tengo un buen amigo que es pastor aquí en la ciudad, y que me contó una historia interesante. Dijo que salió a comprar el periódico una mañana y que vio a un bebé búho tumbado en el pasto. Llamó a sus hijos pequeños y ellos salieron para verlo. Querían agarrar al búho y sostenerlo, pero él les dijo que no lo hicieran hasta que descubriera más sobre todo aquello. Llamó al veterinario local y le habló del bebé búho y le preguntó qué debía hacer. El veterinario dijo que los fuertes vientos a veces pueden hacer que un bebé búho se caiga de su nido. Otras veces el bebé se confiará demasiado e intentará volar antes de poder hacerlo.

"En cualquier caso", dijo, "no querrán tocar al búho o intentar agarrarlo".

"¿Por qué?", preguntó mi amigo.

"Si mira a los árboles", dijo el veterinario, "hay una buena posibilidad de que vea a la mamá búho mirando a su bebé búho".

Con el veterinario al teléfono, el pastor y sus hijos volvieron a salir fuera y miraron alrededor. Tal como el veterinario había dicho, vieron a una inmensa mamá búho en lo más alto de un pino, con sus grandes ojos mirándolos directamente a ellos. Era como si ella estuviera en guardia, y preparada para volar en picado y defender a su bebé.

Cuando le dijo al veterinario que podía ver a la mamá búho,

le dijo: "Si tocan al bebé búho, la mamá búho hará todo lo que pueda para protegerlo, incluso si eso significa entregar su propia vida".

La buena noticia es que tu Padre celestial te está mirando en este momento. Quizá los fuertes vientos te hayan hecho caer del nido, tal vez te hayan golpeado, o puede que te sientas sola, pero si miras hacia arriba verás sus ojos celestiales mirándote directamente, a la espera de defenderte, protegerte y mostrarte su favor.

Eres una hija de la promesa

Siempre que leo las historias de las relaciones de Jesús con distintas personas, siempre me sorprende que Él trataba a todos como personas importantes y de valor, parecía ver a las personas con diferentes ojos, dignas de su amor y atención completos.

Jesús estaba enseñando en una sinagoga el día de reposo. Había una gran multitud reunida en torno a Él, escuchando sus palabras con atención. De repente, dejó de hablar y observó a una mujer solitaria entre ellos. No era hermosa ni llamativa de ningún modo. La Biblia dice que había estado encorvada por un espíritu por dieciocho años. De hecho, estaba inclinada por completo hacia adelante y no podía enderezarse. Sin embargo, Jesús se fijó en ella.

Cuando ella entró en la sinagoga aquel día, quizá se sentía completamente sola e indigna de atención. Sin duda, la mayoría de las personas la evitaban. Pero Jesús la vio. De hecho, Él detuvo inmediatamente todo lo que estaba haciendo y le dijo que se acercara.

Cuando la mujer avanzó lentamente hacia Jesús, Él le dijo: "¡Mujer, eres libre de tu enfermedad hoy!".

Entonces la tocó, y ella inmediatamente se enderezó por primera vez en casi dos décadas. Durante todos aquellos años había mirado al suelo. Su mundo estaba lleno de imágenes de tierra, piedras y pies de personas. Probablemente podría pasarse un día entero sin ver el rostro de otra persona. Pero en aquel momento ella se enderezó, ¡y vio el rostro de Dios!

Por dieciocho años ella se había sentido invisible, como si nadie la viera; se había sentido dejada, se había sentido juzgada. Para otros era una mujer encorvada, pero Jesús vio quién era ella realmente e hizo que se acercara. Él la vio y la llamó "una hija de Abraham". Cuando le llamó eso, estaba diciendo que era una preciosa hija de la promesa que necesitaba y se merecía su compasión y su amor.

Cuando Él la liberó aquel día, ella quedó asombrada. Me pregunto cuánto tiempo tomó para que ella reconociera verdaderamente que nunca más volvería a estar encorvada. ¿Se despertó a la mañana siguiente esperando estar encorvada, para descubrir que no solo era libre, sino que era libre para siempre? Cuando has vivido mucho tiempo de cierta manera, es difícil creer que puedes ser de otro modo. Quizá has estado encorvada bajo una actitud negativa por mucho tiempo. Ni siquiera te das cuenta de que también tú eres una hija de la promesa y que Dios ya ha declarado la Palabra y te ha hecho libre. Él ya te ha liberado de cualquier cosa que te ataba, ¡pero aún no te has dado cuenta!

El enemigo quiere que sigas mirando hacia abajo; no quiere que levantes la cabeza hacia un futuro lleno de promesa y esperanza, y sin duda no quiere que veas el rostro de tu Salvador. No quiere que veas que eres una preciosa hija de la promesa.

Pero Dios te está mirando. Él te ve, te ama, y quiere que te acerques.

Un domingo durante un servicio de la iglesia estaba yo orando por una hermosa joven.

Pero Dios te está mirando. Él te ve, te ama, y quiere que te acerques.

Ella me miró directamente a los ojos y dijo: "Siento que paso desapercibida para Dios. Siento como si a Dios ni siquiera le importara lo que sucede en mi vida".

Creo que a veces todas podemos sentirnos de ese modo. Hemos batallado con algún problema por tanto tiempo que nos preguntamos: *Dios, ¿dónde estás? ¿Ves lo que estoy pasando? Lo he intentado todo. ¿Acaso te importa?*

A veces podemos sentarnos en medio de un auditorio lleno de gente y sentirnos solas, solamente un cuerpo entre la multitud, preguntándonos: *Dios, ¿sabes que estoy aquí? ¿Acaso importo?*

Estoy segura de que la mujer que estaba encorvada en la sinagoga se preguntó eso miles de veces a lo largo de los años.

Quiero decirte que, ahora mismo, los ojos de Dios están sobre ti.

La Biblia dice que Él te conocía desde antes de la fundación del mundo. Él te escogió en su gran amor por ti. Él dice que eres su precioso tesoro; incluso cuenta cada cabello de tu cabeza. Ahora bien, eso me sorprende, pero Dios es Dios. Él lo dijo y yo lo creo, sin importar cómo pueda sentirme.

Si queremos vencer esos sentimientos aplastantes de soledad o de no ser notadas, tenemos que avivar nuestra fe. Incluso si me siento sola en una sala llena de gente, voy a mantenerme firme en su Palabra: Él me conocía antes de la creación. Él conoce ni sentarme y mi levantarme. Él conoce mis pensamientos desde lejos. Él conoce todos mis caminos. No hay ningún lugar donde pueda ir y que Él no esté conmigo.

Admiro el hecho de que la mujer encorvada se presentara en la sinagoga aquel día. No permitió que su estado evitara que se acercara a la presencia de Jesús. Muchas veces permitimos que las condiciones que hay en nuestra vida nos alejen de nuestra postura de fe. Podemos pensar: *No soy lo bastante buena. Estoy demasiado dañada y no puedo cambiar. Ha pasado demasiado tiempo.*

Nadie habría culpado a esa mujer por quedarse en casa ese día de reposo, pero ella no permitió que su estado cambiara su posición. Era una hija de la promesa, y eso le hizo seguir adelante.

No permitas que nada te haga inclinarte y te ate. Dios te llama a que sigas adelante. Él te dice: "A quien el hijo ha libertado, es verdaderamente libre".

Eres inolvidable

¿Te sientes olvidada? ¿Crees que nadie te está mirando y a nadie le importas? Dios es la mamá búho en el árbol, mirándote con un amor feroz. Él no te ha olvidado. La frase "Dios se acuerda de ti" se utiliza setenta y tres veces en la Escritura. Esto no significa solamente que no te olvida; es más importante que eso. Significa que te sorprenderá con su bondad y te abrumará con su favor. Él dará la vuelta a las cosas negativas. Cuando Dios se acuerda de ti significa que va a intervenir y obrar como nunca has visto antes. Cuando Dios cambia las cosas, sus bendiciones te llevarán a un nivel totalmente nuevo.

Piensa en la historia de Raquel en la Biblia. Ella deseaba tener un hijo pero seguía siendo estéril. En aquella época, una mujer era valorada por su capacidad de darle a su esposo un hijo, especialmente un varón para que fuera el heredero. Su incapacidad para concebir no solo le producía vergüenza a ella sino también a su esposo, Jacob. Pasaban los años y ella seguía teniendo sus brazos vacíos. Jacob amaba a Raquel pero ella batallaba con no tener hijos, sintiendo como si no estuviera cumpliendo con su obligación hacia su esposo. Para empeorar aún más las cosas, su hermana Lea tenía un hijo tras otro. Era un recordatorio constante de su decepción, y hacía que se sintiera olvidada, sola y vacía.

Un día, todo cambió para Raquel. La Escritura dice que Dios se acordó de Raquel. A veces, la misericordia de Dios aparece cuando no sentimos que tenemos ya más fuerzas para creer.

Estoy segura de que ella tenía la sensación de haber orado y orado hasta que ya no podía orar

> A veces, la misericordia de Dios aparece cuando no sentimos que tenemos ya más fuerzas para creer.

más. Pero observemos lo que sucedió: la oscuridad da paso a la luz.

"Dios se acordó de ella y le dio un hijo". Cuando Dios se acuerda de ti, lo que ha parecido imposible va a cambiar. Esas frustraciones secretas darán paso a una bendición.

Quizá te sientes como Raquel; tus sueños han tardado tanto tiempo en cumplirse que te sientes olvidada, sola, y crees que nunca van a suceder. Quizá hayas renunciado a poder encontrar a la persona correcta, o quizá tu carrera te ha llevado por un camino que no pensabas; comparada con otras, sientes que te has quedado atrás. No abandones, sigue creyendo, sigue orando. Quizá estés preparada para abandonar un sueño, pero Dios no lo está. Él aún tiene un modo de hacer que se cumpla.

Nunca pierdas de vista el hecho de que el Creador de universo te está mirando de cerca.

Dios dijo: "...¡yo no te olvidaré! Grabada te llevo en las palmas de mis manos" (Isaías 49:15-16).

La buena noticia hoy es que no eres olvidada. Quizá hayas tenido una enfermedad por años; tal vez te han dicho que eso nunca va a cambiar, pero Dios no se ha olvidado de ti. Él ve cada noche en soledad, y la oscuridad está a punto de dar paso a la luz.

Tal vez has tenido el sueño de regresar a la universidad y obtener tu maestría, pero no parece que eso vaya a pasar independientemente de lo mucho que lo intentes. Dios no se ha olvidado de ti. Él sigue teniendo un plan, y está obrando en este momento para alinear las piezas correctas para que todas encajen. En el momento perfecto, verás a Dios hacer algo asombroso.

Quizá tienes un padre o madre que ha necesitado que lo cuides por mucho tiempo. Estás invirtiendo mucho de tu tiempo extra y tu energía para que pueda seguir viviendo en su propia casa. Has de saber esto: Dios no se ha olvidado de tus sueños que quizá tú has dejado en espera. Él no se ha olvidado de las metas que tienes. Dios ve todo a lo que estás renunciando, y Él te dice que no solo va a producir bendiciones para ti, sino que también te dará aumento en todos los aspectos.

Puede que las personas te traten con vergüenza como hacían con Raquel. La gente puede olvidarte o hacerte a un lado, pero nunca estás sola. Dios nunca se olvida de ti. Quizá hayas tenido a personas que te ofendieron y te menospreciaron; tal vez alguien te abandonó cuando más lo necesitabas, pero recuerda que la Biblia dice que hay amigo más cercano que un hermano (ver Proverbios 18:24), y Jesús es ese amigo.

Cuando tengas malas rachas, cuando ores pero el cielo parezca estar en silencio, cuando el dolor crónico parezca no cesar nunca, necesitas mantenerte firme en la fe y decirte a ti misma: "Dios no se ha olvidado de mí. Mi nombre está escrito en las palmas de sus manos. Él no se ha olvidado, y no lo hará, de mis sueños y metas; no se ha olvidado de las injusticias. Él ha prometido que me dará el doble; Él me llevará donde necesite ir. Todas las semillas que he sembrado, sé que es solo cuestión de tiempo hasta que recoja mi cosecha".

¿Recuerdas la famosa canción de Nat King Cole titulada "Inolvidable"? Eso es lo que te digo hoy: eres inolvidable para Dios. Eres la niña de sus ojos, y durante todo el día Él te está mirando. Cuando te ve, dice: "Esa es mi hija. Esa es mi obra maestra. Estoy orgulloso de ese hombre. Ese joven me hace sonreír. Esa madre soltera causa gozo a mi corazón. Veo que esa persona está desalentada, pero no me he olvidado de ella. Tengo aún otra victoria preparada; puede que todavía no se haya producido, pero yo cumplo mi palabra. Está en camino".

Pasa cada día tarareando la letra de esa famosa canción y proclamando la verdad que Dios quiere que sepas. *Soy inolvidable, en todos los aspectos. Dios se acuerda de mí, y así seguirá siendo.*

Dentro de cada una de nosotras está la voz de Dios. No permitas que la vida la ahogue. Él está diciendo: "Eres creada a mi imagen. Eres valiosa, eres importante, y eres destacable. Te escogí porque te amo".

A veces la vida intenta superar esa voz. La vida puede ser muy ruidosa. Suceden cosas injustas; la gente dice cosas negativas de nosotras; alguien se aleja de nuestra vida. Pero lo que realmente importa es quién eres tú ¡y quién dice Dios que eres! Quizá te sientas insignificante, pero Dios te considera valiosa. Él te ve como importante, y te llama su obra maestra.

> *La manera en cómo te sientas y lo que la vida te haya hecho no cambia el valor de tu vida ante los ojos de Dios.*

La manera en cómo te sientas y lo que la vida te haya hecho no cambia el valor de tu vida ante los ojos de Dios.

Si agarras un billete nuevo de cien dólares y formas una pequeña bolita con él, y después lo metes una decena de veces en la lavadora y la secadora, se verá muy desgastado; pero el hecho es que sigue teniendo el mismo valor que tenía cuando era totalmente nuevo. El valor de ese billete de cien dólares no es afectado por su aspecto o por cómo se siente al tacto. Sigue teniendo el mismo poder adquisitivo.

Del mismo modo, no importa si la vida ha puesto en tu cara algunas arrugas o te hizo pasar por el escurridor una decena de veces. Quizá te sientas golpeada y magullada, o fatigada hasta el punto de romperte, pero la verdad de Dios sobre ti es que tienes valor e importancia.

Dios te está acercando. Sus ojos están sobre ti. Acércate más cuando Él se encuentre contigo en el pozo. No permitas que nadie te mantenga encorvada por sus palabras ni permitas que tus circunstancias hagan que fijes tu mirada en el suelo. Por difícil que sea, sigue levantando tu mirada. Tienes todo el poder y la autoridad para mantenerte erguida porque Jesús ya te ha llamado a pasar adelante y te ha hecho libre.

PENSAMIENTOS EXCEPCIONALES

✦ Sin importar cuán grande sea el mundo, o cuán alejada me sienta de Dios, recordaré que Dios lo sabe todo sobre mí, y siempre me está acercando más a Él. Dios no está lejos; Él está cerca y es personal conmigo. Él ha cerrado cualquier distancia entre nosotros por medio de Cristo Jesús, y está tan cerca como el aire que respiro.

✦ Incluso en mis peores momentos, Dios me está acercando. Él se encuentra conmigo donde estoy y me ofrece el agua viva de la salvación. Beberé y Él sanará mi corazón quebrantado y llenará mi alma sedienta.

✦ No permitiré que las condiciones de mi vida me alejen de mi posición de fe. Soy una hija de la promesa, y Dios me llama a pasar adelante. Me mantendré erguida y tomaré mi posición en esta promesa. A quien el Hijo libera, es verdaderamente libre.

✦ Quizá haya pasado por algunos reveses y tenga algunas arrugas de la vida, pero mi valor no ha cambiado ante los ojos de Dios. Mi vida importa y soy importante para Dios.

✦ Soy inolvidable para Dios. Mi nombre está escrito en las palmas de sus manos. Soy la niña de sus ojos, su obra maestra. Él no se ha olvidado de mis sueños y metas. Creo que es solo cuestión de tiempo hasta que recoja mi cosecha.

CAPÍTULO 14

Conecta con la Fuente

Una de las mejores maneras de entrar en cada día empoderada, inspirada e intencional es comenzar cada día pasando tiempo con Dios. Es muy fácil en la mañana agarrar nuestro teléfono y comenzar a mirar los mensajes de texto, los correos electrónico, y ver lo que está sucediendo en las redes sociales. Pero con esa pequeña acción nos estamos llenando de las cosas equivocadas desde el principio. Y entonces, el tiempo se nos ha escurrido entre las manos y tenemos que apresurarnos para comenzar nuestro día. Antes de consultar con el mundo, deberíamos consultar con Dios. Deberíamos alimentarnos con su Palabra, sus promesas y sus proclamaciones, y entonces entraremos en cada día con más poder. ¡Él es nuestra fuente! Él sabe lo que necesitamos. Si queremos ser nuestra mejor versión y vivir una vida excepcional, necesitamos formar el hábito de pasar tiempo con Dios cada día.

Pablo oraba: "Le pido que, por medio del Espíritu y con el poder que procede de sus gloriosas riquezas, los fortalezca a ustedes en lo íntimo de su ser, para que por fe Cristo habite en sus corazones" (Efesios 3:16-17). Dios quiere fortalecerte "en lo íntimo de tu ser". Tenemos que enfocarnos no en lo externo, sino en lo interno. Igual que nuestro cuerpo físico es renovado y revigorizado cuando dormimos en la noche, necesitamos tomar tiempo para fortalecer y alimentar nuestro hombre interior. Podemos emplear tanto tiempo preparando nuestro ser exterior para el día, que nos olvidamos de preparar nuestro hombre interior para el día; y después nos preguntamos por qué estamos estresadas, batallando y sin poder tomar buenas decisiones y vencer malos hábitos. Se debe a que no tomamos tiempo para mantener fuerte nuestro hombre interior.

Fortalece tu núcleo

No hace mucho tiempo me lesioné un hombro tan gravemente que no podía levantar el brazo. Era increíblemente doloroso, pero me las arreglé y oré para que mejorara con reposo. Entonces, unos cinco días después, me desperté en la mañana y apenas podía estar de pie erguida. Cada vez que intentaba estirar la espalda, experimentaba un dolor intenso en la parte baja de la espalda. No podía imaginar qué había hecho yo. Ahora bien, hace falta mucho para que yo vaya al médico, pero ese dolor era intenso. Sabía que era el momento de ir y hacerme un chequeo. El médico tomó rayos-x e incluso me hizo un escáner, pero no pudo descubrir nada que fuera mal. Me dijo que debía tener inflamación, pero no tenía músculos desgarrados ni tampoco vértebras inflamadas, así que me envió a un terapeuta físico.

El terapeuta físico me hizo hacer una serie de movimientos, cosas sencillas que todas hacemos todos los días. Me hizo estirarme con los brazos extendidos como si quisiera alcanzar algo; me hizo inclinarme para agarrar algo del piso; me hizo caminar hacia adelante y después hacia atrás. Tras observar mis movimientos, dijo: "Victoria, tu zona media, tu núcleo, está débil. Y tu núcleo es lo que te ayuda a mover las extremidades sin hacerte daño. Tu núcleo te mantiene en equilibrio y en línea. Tienes que desarrollar los músculos de tu zona media y te darán el apoyo que necesitas, y ayudarán a tu cuerpo a moverse sin lesiones. Si no comienzas a trabajar en los músculos de tu zona media, esas lesiones podrían volverse más frecuentes con el tiempo".

Salí de allí con varios ejercicios para realizar cada día para fortalecer mi núcleo.

Tu hombre interior es el núcleo de quien tú eres. Y de modo muy parecido a como necesitamos un núcleo fuerte para poder mover nuestro cuerpo con seguridad, cuando tenemos un hombre interior fuerte hace participar al resto de nuestra vida y ayuda a que nuestra vida se vuelva más fácil. De hecho, algunas de las heridas que sufrimos llegan porque no estamos empleando nuestro núcleo espiritual. No podemos permitir que nuestros sentimientos y emociones fugaces dirijan nuestra vida. Dios quiere que seas fuerte y tengas dominio propio para poder elevarte más y llegar más lejos. Un centro de mando fuerte hará que camines en una postura de fe, confianza y autodisciplina.

Nuestro hombre interior es nuestra identidad, controla cómo respondemos a la vida, y da forma a nuestras actitudes y pensamientos. Cuando tenemos un hombre interior fuerte, afecta toda nuestra vida y nos ayuda a tomar buenas decisiones. Un núcleo fuerte nos ayuda a oír de Dios, a obtener su dirección para nuestra vida. Cuando prestamos atención a este núcleo de quiénes

> *Cuando prestamos atención a este núcleo de quiénes somos, podemos entrar en cada día con fortaleza.*

somos, podemos entrar en cada día con fortaleza. Quizás digas: "En las mañanas estoy muy ocupada. Tengo que preparar mis hijos para la escuela. Estoy preparando el desayuno y también los almuerzos. Todo es muy frenético, ¡no tengo tiempo para tranquilizarme y fortalecer mi hombre interior!". Te estás haciendo un servicio flaco favor a ti misma. Tienes que tomar tiempo para alimentar tu hombre interior cada día.

El padre de Joel solía decir: "Algunas personas alimentan su cuerpo físico con tres comidas calientes al día, pero alimentan su espíritu con un refrigerio frío por semana". Cada día necesitas alimentar tu hombre interior. Piensa en aquello con lo que te estás alimentando. Leer las Escrituras es alimentar tu hombre interior con alimento espiritual. Estar tranquila y dar gracias a Dios por su bondad es alimento espiritual. Declarar las promesas de Dios sobre tu vida alimenta el núcleo de tu ser. Es así como avivas tu fe cada mañana, alimentando tu hombre interior con el alimento que desea. Entonces puedes seguir adelante y preparar a tus hijos y hacer los almuerzos, y no irás sin energía, ¡estarás llena de fe!

No pases los días sintiéndote desalentada cuando puedes comenzar bien el día dando gracias a Dios por sus bendiciones, ¡y preparando tu mente para ser productiva! Cada día levántate y da gracias a Dios por tu salud, tus relaciones, tu familia y tu empleo. Al comenzar de este modo tu día, tu hombre interior está siendo alimentado. Cuando te alineas con Dios, tu perspectiva será más brillante y tu actitud más positiva. Tendrás más fortaleza para convertir un día ordinario en un día excepcional.

Ha habido muchas mañanas en las que me he levantado y he sentido que iba arrastrando. No tenía gozo ni entusiasmo, pensando: *Este día va a ser una lucha. Tengo muchas cosas que hacer.* He aprendido que cuando eso sucede, no tengo que ceder sencillamente y pasar el día con falta de entusiasmo. Sé más que nunca que tengo que acudir a mi lugar tranquilo y alimentar mi hombre interior y avivar mi fe.

Quizá tengas un horario muy apretado. Siempre hay muchas cosas que hacer, especialmente para los padres con hijos pequeños. Si no tienes cuidado, te ocuparás de todos los demás menos de ti misma. Debes hacer que sea una prioridad mantenerte tú misma fuerte en el interior. Si estamos agotadas, física y mentalmente, las cosas más pequeñas pueden molestarnos y hacernos irritables. Cuando eso sucede, significa que no tenemos balance y que es momento de tranquilizarnos, renovarnos y alimentar el hombre interior.

El apóstol Pablo pide: "Fortalézcanse con el gran poder del Señor" (Efesios 6:10). Eso significa que no podemos tener la actitud que dice: "Si tengo tiempo, intentaré hacer esto". No vamos a vivir excepcionalmente de ese modo. No vamos a ser nuestra mejor versión si no hacemos que Dios sea una parte vital de nuestra vida. Pensemos en la palabra *vital*. Significa que no podemos vivir sin eso. Lo necesitamos, nuestra vida lo requiere.

Hacia el final de la vida del padre de Joel, necesitaba diálisis. Tenía que ir tres veces por semana. Ni una sola vez dijo: "¿Saben qué? Hoy no tengo ganas de ir. Creo que me quedaré en casa", o "Tengo mucho que hacer en la oficina, así que quizá iré la próxima vez". Eso no era nunca una opción. ¿Por qué? Era vital para su vida. No importaba cómo se sintiera él, ni tampoco importaba lo que pudiera surgir. Su vida dependía de ello.

Ese es el modo en que debemos considerar el pasar tiempo con Dios. Tienes que apartar tiempo con Dios como una parte vital de tu vida.

> *Tienes que apartar tiempo con Dios como una parte vital de tu vida.*

¿Qué hace que un matrimonio sea bueno? Pasar tiempo juntos. Es como mi relación con Joel. Ni una sola vez he dicho: "Bueno, será mejor que hable con Joel hoy. Es mi obligación. Me casé con él". Me deleito en pasar tiempo con Joel. Eso fortalece nuestra relación y nos une más el uno al otro. Es así como deberíamos sentirnos con respecto a nuestra relación con Dios. No: "Tengo que levantarme esta mañana y pasar tiempo con Dios. ¡Vaya carga! Voy a apresurarme para terminar pronto". No, Dios espera que nos acerquemos a Él, que clamemos a Él cada día. La Escritura dice que clamemos a Dios y Él nos mostrará cosas grandes y maravillosas. **Dios quiere darte su fortaleza para el día, misericordia para tus errores y sabiduría para tus decisiones**. La razón por la que algunas personas están estresadas, no saben qué hacer y no pueden encontrar paz es porque nunca acuden a la presencia de Dios. Hay estrés durante el día, niños que necesitan atención, retos en la oficina y tráfico en la autopista. Todas esas cosas toman fuerza de tu hombre interior. Si solamente alimentas tu espíritu una o dos veces por semana, eso no es suficiente para mantenerte fuerte. Tienes que acudir a la presencia de Dios diariamente si realmente quieres ser empoderada.

Siempre habrá algo difícil intentando alejarte de este compromiso, pero no permitas que ganen las distracciones. Tienes que estar determinada. El enemigo no quiere que pases tiempo con Dios. Quizá tengas que apagar el teléfono, tal vez tengas que poner la alarma treinta minutos antes, quizá tengas que reorganizar algunas cosas para hacer que el tiempo con Dios sea una prioridad. Pero siempre vale la pena.

Jesús dijo: "Yo soy el pan de vida. Yo soy el agua viva. Si bebes de mí, nunca más volverás a tener sed". ¿Estás bebiendo del agua viva? Es la Palabra de Dios, es la alabanza, es la gratitud. Incluso durante el día cuando hay cosas que salen contra nosotras y es estresante, tienes oportunidades de ofenderte. Haz un receso de cinco minutos para recuperar la compostura y acercarte a Dios. Puedes orar en tu corazón: "Dios, necesito tu ayuda. Gracias por tu paz. Te pido tu fortaleza". Cuando haces eso, acabas de dar un trago de agua, llevaste a tu vida la presencia de Dios, fortaleciste tu hombre interior. La Biblia dice que cuando nuestro espíritu conecta con el Espíritu de Dios sucede algo increíble: ¡somos prendidas con el poder del Dios Todopoderoso! La parte más fuerte de ti no es tu cuerpo físico o tu ámbito emocional. La parte más fuerte de ti, la parte eterna de ti, es tu espíritu, tu hombre interior, el núcleo de quién eres tú. Cuando conectas la parte más fuerte de ti con la Fuerza más fuerte del universo, tiene lugar una potente transformación. Cuando haces que Dios sea una prioridad y pasas tiempo para mantenerte conectada con Él, serás empoderada para vencer retos y Él te dará a su favor y dirigirá tu camino incluso en medio de las dificultades de la vida.

Prende la electricidad

Una amiga mía acababa de terminar la renovación de su casa nueva y no podía esperar a que la visitara para hacer un recorrido por ella. Habían transformado la casa por completo, y habían renovado toda la instalación eléctrica. Cuando llegamos al camino de entrada, ella dijo: "No vas a creerlo, Victoria. Es como una casa totalmente nueva". Cuando entramos, ella subió el interruptor para encender las luces, pero no sucedió nada. Entramos un poco más a la casa oscura y ella probó con otro interruptor, pero las luces no se encendían. Hacía un poco de calor en la casa, así que nos dimos cuenta de que tampoco funcionaba el aire acondicionado. Esta hermosa casa recién renovada no tenía electricidad.

Mi amiga llamó a su contratista y le preguntó por qué no funcionaba nada. Él le indicó que mientras estaban haciendo su trabajo habían apagado la fuente eléctrica. Ella tenía que encontrar la caja de luces y prender el interruptor principal. Después de recibir indicaciones sobre dónde estaba la caja, encontró el interruptor general, lo subió, y sucedió. Se encendieron las luces y el aire acondicionado comenzó a funcionar. Y fue entonces cuando comenzó el recorrido.

Podemos vivir nuestra vida de modo muy parecido sin ni siquiera darnos cuenta. No sabemos por qué las cosas no están funcionando; parece que no encontramos nuestro camino; parece oscuro y tenemos la sensación de que todo es una batalla. No es que tengamos defectos en ninguna área, tan solo es que no hemos prendido la electricidad en nuestras vidas. Efesios 3 revela que aquel es poderoso para hacer mucho más abundantemente de lo que podemos decir, pensar o imaginar, según el *poder* que actúa en nosotros (ver v. 20). No dice según cuánto poder tenga Dios. No dice: cualquier cosa sobre la capacidad de Dios. Dice según el *poder que obra en nosotros*. La casa de mi amiga tenía electricidad suficiente para todas las necesidades de la casa. Ellos podían encender el aire acondicionado, encender las luces, utilizar todos los electrodomésticos, y usar la lavadora y la secadora al mismo tiempo. El cableado estaba ahí para llenar la casa de electricidad. Solamente tenía que estar prendido en la fuente.

Tú estás totalmente alambrada hoy; así que solamente necesitas prender el poder acudiendo a Dios y pidiéndole que Él sea tu fuente. Él quiere darte poder para resistir la tentación, para caminar en integridad, y darte su paz y su gozo. Puedes mantenerte firme contra los retos y los desengaños que intenten debilitarte. Tienes la capacidad de ser una buena madre, educar una familia fuerte, tener una carrera profesional exitosa y ser una bendición dondequiera que vayas. Pero todo comienza con enchufarte a la fuente de poder.

> *Tú estás totalmente alambrada hoy; así que solamente necesitas prender el poder acudiendo a Dios y pidiéndole que Él sea tu fuente.*

Nunca pensaríamos en salir de nuestra casa sin nuestro teléfono celular cargado. E incluso así, agarramos nuestro cargador para no quedarnos sin poder. ¿Por qué pensaríamos en dirigir nuestra vida sin estar conectadas a la fuente de todo *poder*: Jesús?

Al hacer que esto sea una prioridad en tu vida, serás transformada. Te sentirás empoderada, te sentirás inspirada, e irás adelante en tu vida fortalecida para cualquier cosa que pueda llegar.

Acumula reservas

El otro día escuché sobre una iglesia que había desafiado a su congregación a memorizar un versículo de la Biblia por cada letra del alfabeto. El pastor pensó que sería una manera divertida para que los niños comenzaran a aprender la Palabra de Dios y almacenarla en sus corazones.

Una familia joven al principio no lo siguió porque su hijo tenía solamente tres años y medio, pero el ministro alentó a todos a tomar parte en el reto, compartiendo que los niños pequeños a menudo pueden sorprendernos por lo mucho que pueden recordar. Por lo tanto, este joven padre comenzó a trabajar con su hijo para memorizar un versículo por semana. Y efectivamente, a su hijo le encantó el reto y sorprendió a su padre con su capacidad para memorizar un versículo tras otro. Finalmente, después de seis meses, este niño los había aprendido todos. Su papá, siendo un papá orgulloso, grabó un video y lo compartió para algunos de sus amigos. Bueno, ese video emprendió el vuelo. Nadie podía creer que aquel niño de cuatro años pudiera recitar de memoria todos esos versículos.[6]

Ese joven padre hizo un buen servicio para su hijo. Él estaba guardando en su corazón la verdad de Dios. Y aunque un niño de cuatro años no puede entender todo el significado de esos versículos, llegará un día en el que entenderá esas palabras, y regresarán a él en momentos de necesidad. La Palabra de Dios es como una semilla plantada en tu corazón. A su tiempo dará fruto y te fortalecerá cuando el mundo parezca desmoronarse a tu alrededor.

> *La Palabra de Dios es como una semilla plantada en tu corazón.*

Escuché sobre un joven pastor que enfrentó lo inimaginable. Su hijo murió mientras dormía, sin ninguna explicación. Ya no era un niño pequeño, no fue un caso de muerte súbita, fue sencillamente una tragedia sin causa científica, un asombroso signo de interrogación en la vida de este pastor.

Mientras él estaba en la sala de emergencias sosteniendo el cuerpo sin vida de su hijo, buscó profundamente en su corazón la palabra y las promesas de Dios. Proclamó al equipo de enfermería y a cualquiera que quisiera escuchar: "Si yo no tuviera fe, este sería el peor momento de mi vida. Si Jesús no hubiera muerto por mi hijo, por todos nosotros, yo no sería capaz de seguir adelante. Pero sé que mi hijo está en el cielo más vivo que nunca y que volveré a verlo otra vez".

Se aferró con fuerza a su fe y se ancló en el Dios de toda esperanza. Sabía que la verdad de la Palabra de Dios es más fuerte que cualquier cosa que intentara derribarlo. Eso no significaba que no estuviera triste y que su corazón no estuviera roto, pero descubrió su fortaleza para seguir adelante en la Palabra de Dios.[7]

Cuando pasas tiempo con Dios y alimentas esa relación, fortalece tu fe y su gracia puede ayudarte a pasar por lo inimaginable. Eres empoderada, no solo para las batallas diarias sino también para los grandes retos de la vida. Cuando lees la Palabra de Dios, quizá no entiendas todo lo que lees. Puedes pensar: *Estoy desperdiciando mi tiempo. Podría estar haciendo otra cosa.* Entiende que estás plantando una semilla de verdad. En tu momento de nece-

> *Cuando pasas tiempo con Dios y alimentas esa relación, fortalece tu fe y su gracia puede ayudarte a pasar por lo inimaginable.*

sidad, Dios se asegurará de que cobre vida, que te alimente y te mantenga fuerte. El padre de Joel nos enseñaba siempre: "Pon la Palabra de Dios en ti cuando no la necesites y saldrá de ti cuando la necesites".

Lo que te estoy pidiendo que hagas no es difícil. No es duro, pero es uno de los hábitos más importantes que puedes formar jamás. Si no tienes un tiempo regular de tranquilidad, toma la decisión de comenzar. No creas que no sirve para nada. No solo mantendrá alimentado tu hombre interior, sino que también te mantendrá empoderada y establecerá el tono para el día. Dios quiere llenarte con el poder *dunamis* de Cristo. La palabra griega *dunamis* se usa más de cien veces en el Nuevo Testamento. Se refiere a la fortaleza, habilidad y poder de Dios. Cuando conectas con Dios por medio de Jesús, que es la fuente de poder, Dios te dará su capacidad más allá de lo que puedas pedir, pensar o imaginar.

Aprende a ser llena antes de salir. Haz que sea una prioridad. Pasar tiempo con Dios es vital para poder ser empoderada. Para algunas de ustedes, esto quizá sea lo único que les está reteniendo. Eres talentosa, estás dedicada, amas a Dios, pero no estás siendo empoderada cada día. Tu hombre interior no está siendo alimentado y renovado. ¿Por qué no haces estos cambios? Levántate cada mañana y conecta con la fuente de poder pasando tiempo con Dios. Obtén fortaleza de Él. Recibe su sabiduría; recibe su paz y recibe su poder. Entonces podrás salir y pelear la buena batalla de la fe. Sé que si haces esto llegarás cada vez más alto. Dios derramará sus bendiciones y su favor, y vivirás la vida excepcional que Él tiene preparada para ti.

PENSAMIENTOS EXCEPCIONALES

+ Entraré en cada día empoderada, inspirada e intencional pasando tiempo con Dios. No estaré tan ocupada con todas las otras áreas de mi vida que descuide mi hombre interior. Fortaleceré el núcleo de quién soy yo poniendo en mi corazón y en mi mente la Palabra de Dios.

+ Declararé las promesas de Dios sobre mi vida, alimentando mi hombre interior y preparando mi mente para ser productiva.

+ Tengo el poder de Dios en mi interior para resistir la tentación, para caminar en integridad y tener la paz y el gozo para guiarme a lo largo de los caminos del éxito.

+ Alimentaré mi relación con Dios y eso fortalecerá mi fe y me dará la gracia para atravesar los retos de la vida.

+ Soy fuerte en el Señor y empoderada mediante mi unión con Él. Apartaré tiempo para pasarlo con Dios como una parte vital de mi vida.

RECONOCIMIENTOS

He descubierto que la mayoría de los logros obtenidos a través de la disciplina, la paciencia y el esfuerzo diligente son los más satisfactorios de todos. Ya sea que se trate de una vida de fe, la crianza de los niños o escribir un libro, cuando ponemos todo lo que tenemos en algo y le damos nuestro mejor esfuerzo, podemos alejarnos del producto terminado, y decir: "Estoy orgullosa de lo que he logrado". El esfuerzo que ponemos en todo lo que hacemos en nuestra vida debe ser tan gratificante como el resultado.

Tuve la suerte de trabajar con tantas personas excelentes; ha sido una odisea alegre y gratificante. A todos ellos les debo mi aprecio y gratitud.

Primero, quiero agradecer a todos en FaithWords/Hachette que dispusieron sus talentos excepcionales en este libro, especialmente a Rolf Zettersten, Patsy Jones y Hannah Phillips.

También quiero agradecer a mis agentes literarios Jan Miller y Shannon Marven, y el equipo excepcional en Dupree Miller, por su amistad y lealtad y por pensar tan grande como nosotros.

Cuando nos mantenemos en fe, Dios siempre pone en nuestro camino a las personas correctas en el momento y la temporada adecuados. Me gustaría agradecer a Cindy DiTiberio y Lance Wubbels por su excepcional perspectiva en este viaje.

Siempre es un placer trabajar con quienes luchan por la excelencia. Extiendo un agradecimiento especial a Joe Gonzales por el diseño de la portada, y a Joseph West por la fotografía. Gracias a los pastores de la Red de Campeones por su amistad a través de los años, y a Phil Munsey, pastor de pastores que siempre es una voz de aliento.

Mi más sincera gratitud se extiende a la familia de la Iglesia Lakewood y a nuestro extraordinario personal. Juntos estamos cumpliendo la misión más importante de todas: compartir el amor y la esperanza de nuestro Salvador con el mundo.

Estoy agradecida de haber crecido en la familia que Dios me dio. Mi madre, Georgine, y mi padre, Donald, quienes me quieren mucho e inculcaron en mí, desde el principio, un sentido de propósito y destino. Me llevaron a la iglesia y me modelaron la fe y los valores que todavía poseo hoy. Debido a ellos, les he pasado estas bendiciones a mis hijos, como ellos lo harán.

Mi hermano, Donald Jr., es una luz guía en nuestro ministerio y en mi vida. Estoy agradecido por su sabiduría, su firme apoyo y por creer en mí. Tengo la bendición de tener un hermano como él.

No puedo expresar suficientemente el amor y la gratitud que hay en mi corazón por lo maravillosa y extraordinaria que mi marido y mis hijos han hecho mi vida. Mi esposo, Joel, es el amor que siempre había esperado. Él es mi mejor amigo y la persona que más me anima a lograr todo lo que Dios ha planeado para mí. El día que conocí a Joel fue un sueño hecho realidad, y aprecio el amor que siempre me ha mostrado. Cuando Dios me dio a mis hijos, Jonathan y Alexandra, colocó en mi vida el sol que se levanta cada día. Llenan mi vida con alegrías, risas y amor, y me enorgullecen de ser su madre todos los días.

Finalmente, y lo más importante, quiero dar mi gratitud eterna y alabanza a mi Señor y Salvador, Jesucristo. Dedico este libro a Él, porque las palabras son solo palabras hasta que Él sopla su vida en ellas.

NOTAS

Capítulo 3: Enfócate en las promesas

1. Lang Chen et al., "Positive Attitude Toward Math Supports Early Academic Success: Behavioral Evidence and Neurocognitive Mechanisms," *Psychological Science* 29, no. 3 (March 2018): 390–402, https://journals.sagepub.com/doi/10.1177/0956797617735528.

Capítulo 9: Juntos mejor

2. Brooke Pryor, "Kissing Bandit: Why Tom Herman Kisses Each Player Before a Game," NewsOK, October 12, 2017, https://newsok.com/article/5567853/kissing-bandit-why-tom-herman-kisses-each-player-before-a-game; Marc Tracy, "Houston's Coach Pecks Away at Football's Macho Culture, a Kiss at a Time," *New York Times*, octubre 15, 2016, https://www.nytimes.com/2016/10/16/sports/ncaafootball/houston-cougars-tom-herman-kiss-macho-culture.html; "Herman Supports Kissing Players on the Cheek." ESPN, http://www.espn.com/video/clip?id=20112376.

Capítulo 10: Conviértete en una bendición

3. Ahmar Mubeen, "2 Year Old Girl Watching a Movie and Crying Because the Dinosaur Fell and Lost His Mom," YouTube, video, 1:36, noviembre 12, 2017, https://www.youtube.com/watch?v=fk0uFIZHEqs.
4. Billy Hallowell, "Selfless Commuter Gives Shoes off His Own Feet to Older Homeless Man Struggling in FREEZING Chicago Winter," FaithWire, enero 15, 2018, https://www.faithwire.com/2018/01/15/selfless-commuter-takes-expensive-shoes-off-his-own-feet-to-give-to-bloodied-homeless-man-wearing-tattered-shoes-in-the-cold-of-winter/.

5. Maria Henson, "Walking with the Hope," *Wake Forest Magazine*, otoño 2018, https://magazine.wfu.edu/2018/10/03/walking-with-the-hope/.

Capítulo 14: Conecta con la Fuente

6. Jonathan Peterson, "4-Year-Old Recites ABCs Using Bible Verses," Bible Gateway, enero 23, 2017, https://www.biblegateway.com/blog/2017/01/4-year-old-recites-abcs-using-bible-verses/.

7. Cameron Cole, *Therefore I Have Hope* (Wheaton, IL: Crossway, 2018).

ACERCA DE LA AUTORA

Crédito: Eric Forsythe

VICTORIA OSTEEN es la copastora de la Iglesia Lakewood, la autora del éxito de ventas del *New York Times*, *Ama tu vida*, y la presentadora de un programa de radio nacional cada semana, Victoria Osteen Live, por Joel Osteen Radio en Sirius XM. Ella es una parte integral de cada servicio en Lakewood y también en los eventos de "Noche de esperanza" por todos los Estados Unidos y el extranjero. Vive con su familia en Houston, Texas.

¡Queremos escuchar de ti!

Cada semana, cerramos nuestra transmisión de televisión internacional y le damos a la audiencia la oportunidad de hacer de Jesús el Señor de sus vidas. Me gustaría extender esa misma oportunidad para ti.

¿Estás en paz con Dios? Existe un vacío en el corazón de cada persona que solo Dios puede llenar. No estoy hablando de que te unas a una iglesia o encuentres una religión. Estoy hablando de encontrar vida, paz y felicidad. ¿Orarías conmigo hoy? Solo di: "Señor Jesús, me arrepiento de mis pecados. Te pido que entres en mi corazón. Te hago mi Señor y Salvador".

Si oraste esa simple oración, creo que has "nacido de nuevo". Te animo a asistir a una buena iglesia basada en la Biblia, y mantén a Dios en primer lugar en tu vida. Para obtener información gratuita sobre cómo puedes fortalecerte en tu vida espiritual, no dudes en contactarnos.

Joel y yo te amamos, y oraremos por ti. Estamos creyendo lo mejor de Dios para ti, que verás cómo se cumplen tus sueños. ¡Nos encantaría saber de ti!

Para contactarnos, escribe a:

Joel y Victoria Osteen
P.O. Box 4600
Houston, TX 77210

O puedes contactarnos en línea en www.joelosteen.com.